国家创新型城市创新能力监测报告

2021

中华人民共和国科学技术部 编

科学技术文献出版社
·北京·

图书在版编目（CIP）数据

国家创新型城市创新能力监测报告. 2021 / 中华人民共和国科学技术部编. —北京：科学技术文献出版社，2021.12

ISBN 978-7-5189-8741-2

Ⅰ. ①国… Ⅱ. ①中… Ⅲ. ①城市经济—国家创新系统—研究报告—中国—2021 Ⅳ. ① F299.22

中国版本图书馆 CIP 数据核字（2021）第 251313 号

国家创新型城市创新能力监测报告 2021

| 策划编辑：周国臻 | 责任编辑：崔灵菲 | 责任校对：张永霞 | 责任出版：张志平 |

出 版 者　科学技术文献出版社
地　　址　北京市复兴路 15 号　邮编　100038
编 务 部　（010）58882938，58882087（传真）
发 行 部　（010）58882868，58882870（传真）
邮 购 部　（010）58882873
官方网址　www.stdp.com.cn
发 行 者　科学技术文献出版社发行　全国各地新华书店经销
印 刷 者　北京地大彩印有限公司
版　　次　2021 年 12 月第 1 版　2021 年 12 月第 1 次印刷
开　　本　889×1194　1/16
字　　数　186 千
印　　张　12.5
书　　号　ISBN 978-7-5189-8741-2
定　　价　98.00 元

版权所有　违法必究

购买本社图书，凡字迹不清、缺页、倒页、脱页者，本社发行部负责调换

《国家创新型城市创新能力监测报告 2021》
编辑委员会及编辑人员

主　　任　　邵新宇

副 主 任　　包献华　许　倞

委　　员　　黄圣彪　邢怀滨　赵志耘　郭铁成

编辑人员　　石　磊　陈志军　樊　俊　朱迎春

　　　　　　韩可珂　杨朝峰　张志娟　程如烟

　　　　　　王开阳　郄海拓　杨　扬　邢小宇

　　　　　　虎嘉欣

前 言

从党的十八大报告提出"实施创新驱动发展战略"、十八届五中全会把"创新"放在"五大发展理念"之首、十九大提出"创新是引领发展的第一动力",到十九届五中全会提出"坚持创新在我国现代化建设全局中的核心地位",创新在我国经济社会发展中的作用愈加突出。区域创新发展既是区域高质量发展和协调发展的内在要求,也是新形势下应对激烈国际竞争、构建新发展格局的迫切需求。城市作为创新资源的集聚地和创新活动的主阵地,是区域创新发展的关键节点,在落实创新驱动发展战略和国家区域发展战略中发挥着举足轻重的作用。为发挥各地在创新发展中的积极性和主动性,加快提高自主创新能力,形成国家科技创新合力,2010 年,科技部启动创新型城市工作,选取部分创新基础良好、优势特色突出、区域辐射作用明显的城市开展创新型城市试点。

2016 年,习近平总书记在"科技三会"上提出要"尊重科技创新的区域集聚规律,因地制宜探索差异化的创新发展路径,加快打造具有全球影响力的科技创新中心,建设若干具有强大带动力的创新型城市和区域创新中心"。科技部会同有关部门积极贯彻落实总书记讲话精神,于同年 12 月联合印发《建设创新型城市工作指引》(国科发创〔2016〕370 号),对创新型城市建设做出系统部署。2018 年,科技部加大布局建设力度,会同有关部门联合发文支持新一批 17 个城市开展创新型城市建设,并于 2021 年上半年集中完成了 17 个城市的评估工作,评估认为,17 个城市总体上完成了建设实施方案既定的全部或大部分任务,取得了显著成效,实现了建设目标,通过验收。截至目前,先后共支持 78 个城市建设国家创新型城市,其中包括 72 个地级市,北京市海淀区、上海市杨浦区、天津市滨海新区、重庆市沙坪坝区 4 个直辖市城区,以及昌吉市、石河子市 2 个县级市。2021年 6 月 5 日,为深入贯彻落实国家"十四五"规划纲要有关部署,科技部组织召开了国家创新型城市建设工作推进会,全面总结国家创新型城市建设进展,研究部署新时期创新型城市建设重点任务,推进打造一批具有全国影响力的区域创新高地。

2013 年以来，科技部、国家统计局会同有关部门，按照党中央、国务院关于"建立全国创新调查制度"的要求，逐步开展了国家、区域、典型创新密集区等创新能力的监测评价工作，并陆续发布了国家、区域、国家高新区等一批创新监测报告和评价报告。组织开展国家创新型城市创新能力监测是《建立国家创新调查制度工作方案》确定的一项重要任务。国家创新型城市创新能力监测指标体系以习近平总书记"创新是引领发展的第一动力"这一论断为核心，以《建设创新型城市工作指引》中提出的建设创新型城市指标体系为基础，划分为 5 个维度，既体现创新型城市建设的共性要求（创新治理力、创新驱动力），又体现不同创新能级城市的主体创新功能（原始创新力、技术创新力、成果转化力），具体监测指标基本囊括了城市科技创新和科技支撑经济社会高质量发展的主要指标。

《国家创新型城市创新能力监测报告 2021》主要包括 6 个部分内容。一是国家创新型城市创新能力监测指标体系介绍；二是国家创新型城市整体创新能力监测；三是国家创新型城市创新能力按维度监测，即按创新治理力、原始创新力、技术创新力、成果转化力和创新驱动力 5 个维度的监测；四是国家创新型城市创新能力按城市监测；五是指标解释和数据来源说明；六是国家创新型城市名单。本报告以 2018 年及 2019 年的统计（调查）数据为研究对象，监测了 72 个创新型城市的创新能力，4 个直辖市城区及 2 个县级市因缺少统计数据，仅展示部分指标数据。

需要说明的是，城市创新发展是一个动态的、不断演进的过程，城市创新能力监测也需要与时俱进。我们将持续跟踪国内外城市创新发展的态势，不断调整完善监测指标体系，拓展新的数据来源渠道，致力于打造城市创新发展的数据平台，为科技强国建设提供强有力的支撑。

在《国家创新型城市创新能力监测报告》的编制过程中，得到来自各方领导和专家的协助，在此，衷心感谢中国科学技术信息研究所、国家统计局、科技部火炬中心、中国科学技术发展战略研究院等单位有关专家的支持。

《国家创新型城市创新能力监测报告》编写组

2021 年 12 月

目 录

一、国家创新型城市创新能力监测指标体系介绍 ………… 1
  （一）作用意义 ………… 1
  （二）设计原则 ………… 1
  （三）指标体系 ………… 2

二、国家创新型城市整体创新能力监测 ………… 6
  72 个国家创新型城市整体创新能力监测 ………… 6

三、国家创新型城市创新能力按维度监测 ………… 8
  创新治理力 ………… 8
  原始创新力 ………… 14
  技术创新力 ………… 20
  成果转化力 ………… 26
  创新驱动力 ………… 32

四、国家创新型城市创新能力按城市监测 ………… 38
  石家庄市 ………… 38
  唐山市 ………… 40
  秦皇岛市 ………… 42
  南京市 ………… 44
  无锡市 ………… 46
  徐州市 ………… 48
  常州市 ………… 50
  苏州市 ………… 52
  南通市 ………… 54
  连云港市 ………… 56

盐城市	58
扬州市	60
镇江市	62
泰州市	64
杭州市	66
宁波市	68
嘉兴市	70
湖州市	72
绍兴市	74
金华市	76
福州市	78
厦门市	80
泉州市	82
龙岩市	84
济南市	86
青岛市	88
东营市	90
烟台市	92
潍坊市	94
济宁市	96
广州市	98
深圳市	100
佛山市	102
东莞市	104
海口市	106
沈阳市	108
大连市	110
长春市	112
吉林市	114

哈尔滨市	116
太原市	118
合肥市	120
芜湖市	122
马鞍山市	124
南昌市	126
景德镇市	128
萍乡市	130
郑州市	132
洛阳市	134
南阳市	136
武汉市	138
宜昌市	140
襄阳市	142
长沙市	144
株洲市	146
衡阳市	148
呼和浩特市	150
包头市	152
南宁市	154
成都市	156
贵阳市	158
遵义市	160
昆明市	162
玉溪市	164
拉萨市	166
西安市	168
宝鸡市	170
汉中市	172

兰州市 …………………………………………………… 174

西宁市 …………………………………………………… 176

银川市 …………………………………………………… 178

乌鲁木齐市 ……………………………………………… 180

4区2县（市）部分数据 ………………………………… 182

五、指标解释和数据来源说明 …………………………… 183

六、国家创新型城市名单 ………………………………… 189

一、国家创新型城市创新能力监测指标体系介绍

（一）作用意义

从国家层面上看，创新能力监测的任务是基于政府统计调查，系统发布能够客观反映国家、各区域创新活动特征的数据。创新型城市是以创新作为引领发展的第一动力，科技硬、经济强、百姓富、环境美、社会文明程度高，对建设科技强省和科技强国发挥显著支撑引领作用的现代化城市。对创新型城市创新能力的监测可为政府部门、研究机构和社会公众打造来源可靠、分析科学、使用便捷的数据平台，更为国家创新驱动发展战略和改革发展部署的实施提供有价值的参考。

从区域层面上看，国家创新型城市创新能力监测指标为各城市加快创新发展发挥重要的定靶子、瞄方向、指挥棒的引导作用。各城市在创新能力监测指标的基础上，一方面，能够更好地挖掘和分析其在国家创新型城市序列中的优势和劣势，找准自身发展的创新特色，探索各具特色的创新发展路径；另一方面，各城市也可以参考国家创新型城市创新能力监测指标，结合自身特点和发展重点，建立符合各城市需要的创新能力监测指标体系，对城市的创新发展进行动态监测。

（二）设计原则

为了科学、客观地为国家创新型城市创新能力监测和评价提供数据支撑，监测指标的建立遵循以下原则。

（1）规范

监测指标均为纳入政府统计调查制度、采用国家或部门统计标准的统计指标。统计口径和计算方法符合统计规范。

（2）权威

监测指标所涉及的基础数据均来源于权威机构、政府统计公开出版物等，为社会各界提供可靠的数据来源。

（三）指标体系

国家创新型城市创新能力监测指标体系以习近平总书记"创新是引领发展的第一动力"这一论断为核心，以《建设创新型城市工作指引》（国科发创〔2016〕370号）中的指标体系为基础，构建了包含创新治理力、原始创新力、技术创新力、成果转化力和创新驱动力5个一级指标、38个二级指标的监测指标体系（图1-1）。其中，创新治理力和创新驱动力（创新支撑经济转型升级，以及协调、绿色、开放、共享发展）作为创新型城市建设的统一、共性要求；原始创新力、技术创新力和成果转化力分别体现不同创新能级城市的主体创新功能，引导城市探索各具特色的创新发展道路。

图1-1 国家创新型城市创新能力监测基本框架

一、国家创新型城市创新能力监测指标体系介绍

创新治理力选取了财政科技支出占公共财政支出比重、常住人口增长率、人均地区生产总值等重要指标，原始创新力选取了全社会研发经费支出与地区生产总值之比、万名就业人员中研发人员、国家级科技成果奖数等重要指标，技术创新力选取了规上工业企业研发经费支出与营业收入之比、高新技术企业数、万人发明专利拥有量、技术输出合同成交额与地区生产总值之比等重要指标，成果转化力选取了技术输入合同成交额与地区生产总值之比、科创板上市企业数、规上工业企业新产品销售收入与营业收入之比等重要指标，创新驱动力选取了高新技术企业营业收入与规上工业企业之比、城乡居民人均可支配收入之比、单位地区生产总值能耗、人均实际使用外资额等重要指标。

根据政府统计制度的变化、数据可获得性等最新情况，相比上一年，对部分指标进行了调整：一是增加"普通高校在校学生数"及"万人普通高校在校学生数"指标；二是将"规上工业企业研发经费支出与主营业务收入之比""规上工业企业新产品销售收入与主营业务收入之比""高新技术企业营业收入与规上工业企业主营业务收入之比"分别改为"规上工业企业研发经费支出与营业收入之比""规上工业企业新产品销售收入与营业收入之比""高新技术企业营业收入与规上工业企业营业收入之比（简写为'高新技术企业营业收入与规上工业企业之比'）"。

国家创新型城市创新能力监测指标体系（1）

一级指标	二级指标
创新治理力	财政科技支出（亿元）
	财政科技支出占公共财政支出比重（%）
	常住人口（万人）
	常住人口增长率（%）
	普通高校在校学生数（万人）
	万人普通高校在校学生数（人/万人）
	专利申请量（件）
	万人专利申请量（件/万人）
	人均地区生产总值（万元/人）
原始创新力	全社会研发经费支出（亿元）
	全社会研发经费支出与地区生产总值之比（%）
	基础研究经费占研发经费比重（%）
	万名就业人员中研发人员（人年/万人）
	中央级普通高校数（个）
	国家级科技成果奖数（项当量）
技术创新力	规上工业企业研发经费支出（亿元）
	规上工业企业研发经费支出与营业收入之比（%）
	高新技术企业数（家）
	国家高新区营业收入（亿元）

一、国家创新型城市创新能力监测指标体系介绍

国家创新型城市创新能力监测指标体系（2）

一级指标	二级指标
技术创新力	国家高新区营业收入与地区生产总值之比（%）
	发明专利拥有量（件）
	万人发明专利拥有量（件/万人）
	技术输出合同成交额（亿元）
	技术输出合同成交额与地区生产总值之比（%）
成果转化力	技术输入合同成交额（亿元）
	技术输入合同成交额与地区生产总值之比（%）
	科创板上市企业数（家）
	国家级科技企业孵化器、大学科技园、双创示范基地数（个）
	国家级科技企业孵化器、大学科技园新增在孵企业数（家）
	科技型中小企业数（家）
	规上工业企业新产品销售收入与营业收入之比（%）
创新驱动力	高新技术企业营业收入与规上工业企业之比（%）
	城乡居民人均可支配收入之比
	单位地区生产总值能耗（吨标准煤/万元）
	PM2.5年平均浓度（微克/立方米）
	实际使用外资额（万美元）
	人均实际使用外资额（美元/人）
	居民人均可支配收入（万元/人）

二、国家创新型城市整体创新能力监测

72个国家创新型城市整体创新能力监测（1）

指标名称	2018年	2019年
财政科技支出（亿元）	2635.72	3138.17
财政科技支出占公共财政支出比重（%）	4.46	6.68
常住人口（万人）	45465.76	46154.62
常住人口增长率（%）	0.93	1.52
普通高校在校学生数（万人）	1816.22	1922.62
万人普通高校在校学生数（人/万人）	399	417
专利申请量（件）	2573417	2444683
万人专利申请量（件/万人）	56.60	52.97
人均地区生产总值（万元/人）	9.89	10.37
全社会研发经费支出（亿元）	11064.88	12619.02
全社会研发经费支出与地区生产总值之比（%）	2.46	2.64
基础研究经费占研发经费比重（%）	4.89	5.08
万名就业人员中研发人员（人年/万人）	83.69	101.65
国家级科技成果奖数（项当量）	1139.10	1988.06
规上工业企业研发经费支出（亿元）	7941.97	8579.14
规上工业企业研发经费支出与营业收入之比（%）	1.53	1.62
高新技术企业数（家）	102472	129448

72 个国家创新型城市整体创新能力监测（2）

指标名称	2018 年	2019 年
国家高新区营业收入（亿元）	196785.13	218092.57
国家高新区营业收入与地区生产总值之比（%）	43.77	45.58
发明专利拥有量（件）	956655	1119393
万人发明专利拥有量（件/万人）	21.04	24.25
技术输出合同成交额（亿元）	8380.66	11400.36
技术输出合同成交额与地区生产总值之比（%）	1.86	2.38
技术输入合同成交额（亿元）	8423.49	11500.90
技术输入合同成交额与地区生产总值之比（%）	1.87	2.40
科创板上市企业数（家）	67	209
国家级科技企业孵化器、大学科技园、双创示范基地数（个）	1925	2036
国家级科技企业孵化器、大学科技园新增在孵企业数（家）	15386	17052
科技型中小企业数（家）	76414	95277
规上工业企业新产品销售收入与营业收入之比（%）	24.16	24.69
高新技术企业营业收入与规上工业企业之比（%）	42.36	48.36
单位地区生产总值能耗（吨标准煤/万元）	0.39	0.38
PM2.5 年平均浓度（微克/立方米）	42	39
实际使用外资额（万美元）	15407937	14940590
人均实际使用外资额（美元/人）	338.89	323.71

注：①由于 4 个直辖市城区及 2 个县级市数据无法获取，此处仅监测 72 个创新型城市整体情况；科创板上市企业数量 2018 年、2019 年实际采用截至 2020 年 8 月、2021 年 8 月的数据，下同；2018 年采用规上工业企业主营业务收入计算有关指标，2019 年因统计制度变化，采用规上工业企业营业收入计算，下同；相比往年报告，根据新的实际情况，如果个别数据有调整，以最新的报告为准，下同。

②对于 72 个国家创新型城市整体的城乡居民人均可支配收入之比、居民人均可支配收入等指标，由于数据无法获取等原因在此处未列入。

三、国家创新型城市创新能力按维度监测

创新治理力（1）

城市	财政科技支出（亿元）	财政科技支出占公共财政支出比重（%）	常住人口（万人）	常住人口增长率（%）
石家庄市	12.34	1.17	1103.12	0.73
唐山市	9.82	1.23	796.42	0.36
秦皇岛市	3.10	0.98	314.63	0.39
南京市	97.62	5.89	850.00	0.76
无锡市	55.21	4.94	659.15	0.26
徐州市	25.89	2.93	882.56	0.27
常州市	26.73	4.09	473.60	0.16
苏州市	181.58	8.48	1074.99	0.26
南通市	33.01	3.39	731.80	0.11
连云港市	14.07	3.02	451.10	−0.20
盐城市	26.64	3.04	720.89	0.12
扬州市	17.34	2.83	454.90	0.40
镇江市	18.31	3.93	320.35	0.22
泰州市	17.75	2.99	463.61	0.01
杭州市	148.19	7.59	1036.00	5.65
宁波市	124.16	7.02	854.20	4.15
嘉兴市	33.04	4.31	480.00	1.57
湖州市	18.71	4.01	306.00	1.09
绍兴市	46.89	7.32	505.70	0.44
金华市	24.79	3.73	562.40	0.36
福州市	28.79	3.03	780.00	0.78
厦门市	38.43	4.21	429.00	4.38
泉州市	15.74	2.39	874.00	0.46
龙岩市	13.39	4.15	264.12	0.05
济南市	43.18	3.61	890.87	0.78

创新治理力（2）

城市	财政科技支出（亿元）	财政科技支出占公共财政支出比重（%）	常住人口（万人）	常住人口增长率（%）
青岛市	66.84	4.24	949.98	1.12
东营市	5.75	1.88	217.97	0.35
烟台市	29.86	3.85	713.80	0.23
潍坊市	21.67	2.79	935.15	-0.23
济宁市	8.69	1.30	835.60	0.12
广州市	243.95	8.51	1530.59	2.69
深圳市	548.42	12.05	1343.88	3.16
佛山市	98.16	10.43	815.86	3.20
东莞市	25.36	2.94	846.45	0.86
海口市	2.37	0.89	232.79	1.11
沈阳市	19.90	1.90	832.20	0.07
大连市	27.49	2.71	700.40	0.06
长春市	11.29	1.26	753.80	0.33
吉林市	1.76	0.42	411.61	-0.46
哈尔滨市	15.63	1.42	1076.30	-0.87
太原市	23.20	3.80	446.19	0.91
合肥市	130.32	11.61	818.90	1.26
芜湖市	51.15	10.18	377.80	0.80
马鞍山市	10.88	4.29	236.10	1.02
南昌市	33.98	4.07	560.06	0.99
景德镇市	4.64	1.97	168.05	0.44
萍乡市	7.18	2.60	194.13	0.42
郑州市	63.36	3.32	1035.20	2.13

创新治理力（3）

城市	财政科技支出（亿元）	财政科技支出占公共财政支出比重（%）	常住人口（万人）	常住人口增长率（%）
洛阳市	25.98	4.01	692.20	0.49
南阳市	12.05	1.72	1003.16	0.18
武汉市	176.43	7.89	1121.20	1.18
宜昌市	16.56	2.77	413.79	0.05
襄阳市	27.04	3.71	568.00	0.19
长沙市	49.25	3.45	839.45	2.94
株洲市	25.87	4.94	402.85	0.19
衡阳市	5.21	0.87	730.06	0.79
呼和浩特市	7.19	1.72	313.68	0.33
包头市	4.28	1.17	289.69	0.28
南宁市	10.67	1.35	734.48	1.25
成都市	105.77	5.27	1658.10	1.54
贵阳市	28.46	3.96	497.14	1.83
遵义市	10.96	1.47	630.20	0.50
昆明市	18.87	2.30	695.00	1.46
玉溪市	3.78	1.29	238.88	0.12
拉萨市	2.32	0.64	72.07	2.40
西安市	34.79	2.79	1020.35	2.00
宝鸡市	8.18	2.33	376.10	−0.27
汉中市	9.18	2.39	343.70	0.03
兰州市	7.89	1.73	379.09	0.99
西宁市	2.02	0.61	238.71	0.67
银川市	8.78	2.53	229.30	1.89
乌鲁木齐市	10.08	1.63	355.20	1.32

三、国家创新型城市创新能力按维度监测

创新治理力（4）

城市	普通高校在校学生数（万人）	万人普通高校在校学生数（人/万人）	专利申请量（件）	万人专利申请量（件/万人）	人均地区生产总值（万元/人）
石家庄市	53.31	483	23241	21.07	5.27
唐山市	14.63	184	12305	15.45	8.65
秦皇岛市	9.47	301	5613	17.84	5.12
南京市	87.79	1033	100644	118.40	16.51
无锡市	12.00	182	66169	100.39	17.98
徐州市	13.47	153	34161	38.71	8.10
常州市	13.00	274	48423	102.24	15.63
苏州市	24.90	232	162896	151.53	17.89
南通市	11.19	153	36005	49.20	12.82
连云港市	4.70	104	8392	18.60	6.96
盐城市	6.74	94	25871	35.89	7.91
扬州市	8.70	191	32312	71.03	12.86
镇江市	10.01	313	23134	72.21	12.88
泰州市	6.58	142	24132	52.05	11.07
杭州市	44.67	431	110250	106.42	14.84
宁波市	15.65	183	66904	78.32	14.03
嘉兴市	7.24	151	37685	78.51	11.19
湖州市	2.88	94	23429	76.57	10.20
绍兴市	10.42	206	35507	70.21	11.43
金华市	8.13	145	42669	75.87	8.11
福州市	34.03	436	29307	37.57	12.04
厦门市	15.66	365	33739	78.65	13.97
泉州市	15.44	177	49442	56.57	11.38
龙岩市	2.16	82	8604	32.58	10.14
济南市	54.11	607	46476	52.17	10.60

创新治理力（5）

城市	普通高校在校学生数（万人）	万人普通高校在校学生数（人/万人）	专利申请量（件）	万人专利申请量（件/万人）	人均地区生产总值（万元/人）
青岛市	41.58	438	66890	70.41	12.36
东营市	3.36	154	7212	33.09	13.38
烟台市	23.12	324	15931	22.32	10.72
潍坊市	20.51	219	25294	27.05	6.08
济宁市	11.67	140	13990	16.74	5.23
广州市	115.30	753	173796	113.55	15.44
深圳市	11.32	84	254305	189.23	20.04
佛山市	12.87	158	78412	96.11	13.18
东莞市	12.44	147	4792	5.66	11.20
海口市	13.89	597	7158	30.75	7.18
沈阳市	42.42	510	24921	29.95	7.77
大连市	29.06	415	20640	29.47	10.00
长春市	46.89	622	22728	30.15	7.83
吉林市	11.28	274	2676	6.50	3.44
哈尔滨市	58.19	541	23551	21.88	4.88
太原市	50.33	1128	14134	31.68	9.00
合肥市	53.62	655	58527	71.47	11.49
芜湖市	14.04	372	17709	46.87	9.58
马鞍山市	6.18	262	10479	44.38	8.94
南昌市	63.05	1126	21538	38.46	9.99
景德镇市	3.39	202	2930	17.44	5.51
萍乡市	3.21	165	2828	14.57	4.79
郑州市	107.87	1042	58222	56.24	11.20

三、国家创新型城市创新能力按维度监测

创新治理力（6）

城市	普通高校在校学生数（万人）	万人普通高校在校学生数（人/万人）	专利申请量（件）	万人专利申请量（件/万人）	人均地区生产总值（万元/人）
洛阳市	13.39	193	13157	19.01	7.27
南阳市	9.82	98	8088	8.06	3.80
武汉市	100.69	898	75783	67.59	14.47
宜昌市	6.00	145	9864	23.84	10.78
襄阳市	5.11	90	9595	16.89	8.47
长沙市	66.59	793	41896	49.91	13.79
株洲市	10.19	253	9763	24.23	7.45
衡阳市	12.88	176	7739	10.60	4.62
呼和浩特市	24.32	775	6936	22.11	8.90
包头市	7.64	264	3441	11.88	9.37
南宁市	48.74	664	14344	19.53	6.14
成都市	87.93	530	78081	47.09	10.26
贵阳市	41.11	827	20287	40.81	8.13
遵义市	8.39	133	7400	11.74	5.53
昆明市	62.26	896	22771	32.76	9.32
玉溪市	1.92	80	1993	8.34	8.16
拉萨市	2.09	291	1933	26.82	8.57
西安市	87.14	854	62353	61.11	9.14
宝鸡市	5.03	134	2785	7.40	5.91
汉中市	4.14	120	2227	6.48	4.50
兰州市	35.80	944	12758	33.65	7.48
西宁市	6.66	279	3550	14.87	5.56
银川市	11.12	485	5126	22.35	8.27
乌鲁木齐市	21.22	597	6840	19.26	9.61

原始创新力（1）

城市	全社会研发经费支出（亿元）	全社会研发经费支出与地区生产总值之比（%）	基础研究经费占研发经费比重（%）
石家庄市	149.80	2.58	2.55
唐山市	126.60	1.84	0.73
秦皇岛市	20.80	1.29	9.53
南京市	465.16	3.32	10.94
无锡市	370.00	3.12	0.40
徐州市	125.00	1.75	2.90
常州市	221.00	2.99	0.34
苏州市	700.34	3.64	1.20
南通市	233.00	2.48	0.43
连云港市	51.81	1.65	0.23
盐城市	123.00	2.16	0.69
扬州市	147.42	2.52	0.51
镇江市	83.00	2.01	2.97
泰州市	133.00	2.59	0.25
杭州市	530.42	3.45	6.13
宁波市	323.95	2.70	1.49
嘉兴市	164.66	3.07	0.63
湖州市	87.01	2.79	0.27
绍兴市	152.98	2.65	0.22
金华市	84.14	1.85	1.73
福州市	201.70	2.15	9.20
厦门市	177.66	2.96	10.52
泉州市	120.98	1.22	0.36
龙岩市	51.20	1.91	0.22
济南市	225.53	2.39	6.76

三、国家创新型城市创新能力按维度监测

原始创新力（2）

城市	全社会研发经费支出（亿元）	全社会研发经费支出与地区生产总值之比（%）	基础研究经费占研发经费比重（%）
青岛市	294.62	2.51	5.34
东营市	68.38	2.34	14.67
烟台市	126.62	1.65	1.87
潍坊市	119.22	2.10	0.53
济宁市	54.26	1.24	3.05
广州市	677.74	2.87	13.68
深圳市	1328.28	4.93	1.82
佛山市	287.41	2.67	0.30
东莞市	289.96	3.06	0.83
海口市	14.65	0.88	19.78
沈阳市	170.69	2.64	4.90
大连市	199.73	2.85	9.34
长春市	120.75	2.05	14.31
吉林市	13.85	0.98	8.07
哈尔滨市	92.94	1.77	26.25
太原市	84.20	2.10	9.26
合肥市	291.76	3.10	11.34
芜湖市	111.56	3.08	0.98
马鞍山市	60.62	2.87	0.64
南昌市	101.24	1.81	7.87
景德镇市	20.37	2.20	1.47
萍乡市	13.98	1.50	1.00
郑州市	236.74	2.04	3.63

原始创新力（3）

城市	全社会研发经费支出（亿元）	全社会研发经费支出与地区生产总值之比（%）	基础研究经费占研发经费比重（%）
洛阳市	119.23	2.37	2.14
南阳市	40.99	1.07	0.60
武汉市	520.69	3.21	5.42
宜昌市	101.51	2.28	0.44
襄阳市	82.42	1.71	0.16
长沙市	316.18	2.73	5.92
株洲市	87.44	2.91	0.42
衡阳市	46.16	1.37	5.07
呼和浩特市	43.65	1.56	6.98
包头市	42.86	1.58	2.29
南宁市	52.55	1.17	20.88
成都市	452.54	2.66	7.54
贵阳市	71.21	1.76	14.42
遵义市	12.72	0.37	7.56
昆明市	112.05	1.73	14.27
玉溪市	20.22	1.04	0.78
拉萨市	0.37	0.06	0
西安市	481.76	5.17	6.24
宝鸡市	25.28	1.14	1.62
汉中市	16.41	1.06	1.34
兰州市	63.92	2.25	25.81
西宁市	17.07	1.29	12.33
银川市	30.69	1.62	8.27
乌鲁木齐市	11.39	0.33	49.65

三、国家创新型城市创新能力按维度监测

原始创新力（4）

城市	万名就业人员中研发人员（人年/万人）	中央级普通高校数（个）	国家级科技成果奖数（项当量）
石家庄市	37.32	0	23.75
唐山市	47.97	0	2.46
秦皇岛市	30.13	0	6.41
南京市	244.34	8	186.38
无锡市	199.50	1	30.64
徐州市	64.82	1	9.25
常州市	207.91	0	7.47
苏州市	202.82	0	52.23
南通市	118.92	0	3.40
连云港市	53.16	0	0
盐城市	61.85	0	0.98
扬州市	105.38	0	17.75
镇江市	99.56	0	15.97
泰州市	81.02	0	0.98
杭州市	175.38	1	143.51
宁波市	178.00	1	11.85
嘉兴市	139.72	0	4.86
湖州市	139.52	0	1.04
绍兴市	143.28	0	10.69
金华市	113.79	0	6.90
福州市	75.68	0	21.81
厦门市	153.53	1	31.23
泉州市	43.17	1	0
龙岩市	41.48	0	2.06
济南市	98.01	1	39.92

原始创新力（5）

城市	万名就业人员中研发人员（人年/万人）	中央级普通高校数（个）	国家级科技成果奖数（项当量）
青岛市	102.42	2	75.47
东营市	62.66	0	24.40
烟台市	47.62	0	8.17
潍坊市	35.28	0	7.51
济宁市	25.67	0	9.11
广州市	133.76	5	119.20
深圳市	262.69	0	63.81
佛山市	131.71	0	2.35
东莞市	139.38	0	2.28
海口市	35.24	0	4.95
沈阳市	73.29	1	60.29
大连市	113.02	3	45.94
长春市	69.52	2	106.25
吉林市	24.15	0	1.58
哈尔滨市	63.78	3	69.04
太原市	102.51	0	2.43
合肥市	121.89	2	47.41
芜湖市	107.91	0	0
马鞍山市	75.28	0	0
南昌市	150.62	0	29.24
景德镇市	119.11	0	0
萍乡市	28.29	0	0
郑州市	105.15	1	19.43

原始创新力（6）

城市	万名就业人员中研发人员（人年/万人）	中央级普通高校数（个）	国家级科技成果奖数（项当量）
洛阳市	60.87	0	2.80
南阳市	17.62	0	1.58
武汉市	137.34	8	163.39
宜昌市	95.02	0	15.41
襄阳市	48.44	0	0
长沙市	113.30	3	126.63
株洲市	57.21	0	21.22
衡阳市	24.87	0	3.44
呼和浩特市	38.74	0	4.55
包头市	54.01	0	0
南宁市	25.69	0	16.08
成都市	100.02	5	111.37
贵阳市	65.11	0	18.75
遵义市	10.13	0	1.58
昆明市	62.11	0	15.05
玉溪市	29.24	0	0
拉萨市	35.83	0	1.17
西安市	143.16	5	125.49
宝鸡市	36.85	0	0
汉中市	19.48	0	0
兰州市	70.61	2	26.75
西宁市	31.75	0	0
银川市	29.91	1	0
乌鲁木齐市	10.27	0	2.41

技术创新力（1）

城市	规上工业企业研发经费支出（亿元）	规上工业企业研发经费支出与营业收入之比（%）	高新技术企业数（家）	国家高新区营业收入（亿元）
石家庄市	89.31	1.97	2061	2123.08
唐山市	116.60	1.03	979	125.35
秦皇岛市	15.79	0.77	269	0
南京市	229.12	1.92	4644	6778.85
无锡市	328.00	1.83	2765	6103.96
徐州市	107.18	2.48	724	1123.51
常州市	197.50	1.77	1743	4731.93
苏州市	629.78	1.78	6971	12149.97
南通市	216.01	2.64	1691	2576.36
连云港市	48.13	1.77	334	679.57
盐城市	100.68	2.16	1161	429.73
扬州市	119.48	2.46	1267	388.02
镇江市	70.57	1.86	941	725.40
泰州市	122.94	2.23	967	1170.53
杭州市	296.90	1.86	5462	10496.74
宁波市	263.10	1.46	2131	4618.29
嘉兴市	153.01	1.43	1733	826.43
湖州市	80.98	1.69	936	623.21
绍兴市	143.96	2.05	1336	835.07
金华市	74.65	1.77	977	0
福州市	126.12	1.26	1407	1242.24
厦门市	119.68	1.79	1911	3600.80
泉州市	111.61	0.64	681	776.62
龙岩市	49.57	1.64	188	333.26
济南市	129.91	1.99	2212	5735.61

技术创新力（2）

城市	规上工业企业研发经费支出（亿元）	规上工业企业研发经费支出与营业收入之比（%）	高新技术企业数（家）	国家高新区营业收入（亿元）
青岛市	202.35	2.19	3805	3597.77
东营市	60.47	0.77	261	465.83
烟台市	109.24	1.40	818	789.45
潍坊市	113.53	1.34	796	4179.85
济宁市	46.84	1.25	499	2793.11
广州市	286.24	1.41	11897	11724.57
深圳市	1049.92	2.88	16652	17039.33
佛山市	259.71	1.13	4790	4451.48
东莞市	260.57	1.20	6051	5684.43
海口市	8.88	1.54	412	443.78
沈阳市	68.87	1.17	1814	1411.65
大连市	114.66	1.59	1727	2581.59
长春市	48.84	0.51	1317	5638.90
吉林市	8.97	0.57	146	803.24
哈尔滨市	27.51	1.14	793	1751.60
太原市	62.47	1.67	1607	3009.05
合肥市	173.50	2.30	2531	6222.11
芜湖市	102.66	2.23	839	1409.19
马鞍山市	51.84	1.84	470	1321.88
南昌市	70.26	1.02	1423	3560.16
景德镇市	13.75	1.63	143	917.12
萍乡市	13.25	1.23	168	0
郑州市	135.80	1.52	1917	2940.95

技术创新力（3）

城市	规上工业企业研发经费支出（亿元）	规上工业企业研发经费支出与营业收入之比（%）	高新技术企业数（家）	国家高新区营业收入（亿元）
洛阳市	79.31	1.59	631	2012.54
南阳市	39.61	1.73	181	303.59
武汉市	189.64	1.37	4276	13052.59
宜昌市	95.37	2.67	512	1651.39
襄阳市	76.07	1.30	529	3600.04
长沙市	185.14	2.15	3055	4782.83
株洲市	61.56	2.27	544	2595.88
衡阳市	37.67	2.30	270	803.69
呼和浩特市	27.19	1.34	305	961.08
包头市	35.04	1.16	188	1948.72
南宁市	11.25	0.49	986	2698.38
成都市	153.04	1.09	4078	7032.40
贵阳市	32.43	1.37	1062	2468.55
遵义市	11.97	0.61	201	0
昆明市	44.21	0.91	1015	2267.56
玉溪市	18.44	1.06	98	983.54
拉萨市	0.28	0.14	58	0
西安市	154.16	2.59	3661	11640.34
宝鸡市	23.85	0.83	210	2166.95
汉中市	15.88	1.27	55	0
兰州市	18.53	0.75	569	1822.67
西宁市	5.90	0.42	143	60.26
银川市	23.64	1.19	118	90.10
乌鲁木齐市	8.20	0.30	336	4217.89

技术创新力（4）

城市	国家高新区营业收入与地区生产总值之比（%）	发明专利拥有量（件）	万人发明专利拥有量（件/万人）	技术输出合同成交额（亿元）	技术输出合同成交额与地区生产总值之比（%）
石家庄市	36.54	7941	7.20	29.28	0.50
唐山市	1.82	4188	5.26	27.73	0.40
秦皇岛市	0	2815	8.95	46.46	2.88
南京市	48.32	58474	68.79	588.41	4.19
无锡市	51.50	28954	43.93	181.32	1.53
徐州市	15.71	11944	13.53	38.07	0.53
常州市	63.94	17307	36.54	102.33	1.38
苏州市	63.16	63066	58.67	265.65	1.38
南通市	27.46	21810	29.80	100.05	1.07
连云港市	21.65	3310	7.34	21.11	0.67
盐城市	7.54	6721	9.32	19.40	0.34
扬州市	6.63	6874	15.11	56.14	0.96
镇江市	17.58	12847	40.10	32.72	0.79
泰州市	22.80	7375	15.91	34.11	0.66
杭州市	68.28	58651	56.61	267.49	1.74
宁波市	38.53	26870	31.46	87.76	0.73
嘉兴市	15.39	15607	32.51	94.67	1.76
湖州市	19.96	10752	35.14	52.14	1.67
绍兴市	14.45	10959	21.67	40.79	0.71
金华市	0	6875	12.22	94.99	2.08
福州市	13.23	15224	19.52	48.00	0.51
厦门市	60.06	13646	31.81	88.72	1.48
泉州市	7.81	8240	9.43	1.24	0.01
龙岩市	12.44	1244	4.71	0.31	0.01
济南市	60.74	25438	28.55	282.62	2.99

技术创新力（5）

城市	国家高新区营业收入与地区生产总值之比（%）	发明专利拥有量（件）	万人发明专利拥有量（件/万人）	技术输出合同成交额（亿元）	技术输出合同成交额与地区生产总值之比（%）
青岛市	30.64	31932	33.61	153.11	1.30
东营市	15.97	2140	9.82	56.44	1.94
烟台市	10.31	7164	10.04	108.27	1.41
潍坊市	73.48	7555	8.08	72.98	1.28
济宁市	63.91	2715	3.25	51.33	1.17
广州市	49.62	58496	38.22	1224.80	5.18
深圳市	63.28	138665	103.18	724.74	2.69
佛山市	41.41	23024	28.22	15.60	0.15
东莞市	59.95	30227	35.71	196.04	2.07
海口市	26.54	2334	10.03	5.59	0.33
沈阳市	21.82	17219	20.69	284.91	4.40
大连市	36.87	14897	21.27	197.25	2.82
长春市	95.51	11564	15.34	464.54	7.87
吉林市	56.70	1291	3.14	4.70	0.33
哈尔滨市	33.37	20373	18.93	203.55	3.88
太原市	74.92	9438	21.15	80.50	2.00
合肥市	66.13	26350	32.18	219.42	2.33
芜湖市	38.95	13256	35.09	110.75	3.06
马鞍山市	62.62	5565	23.57	19.39	0.92
南昌市	63.62	5790	10.34	56.81	1.02
景德镇市	99.03	780	4.64	6.55	0.71
萍乡市	0	480	2.47	10.04	1.08
郑州市	25.38	14289	13.80	127.58	1.10

技术创新力（6）

城市	国家高新区营业收入与地区生产总值之比（%）	发明专利拥有量（件）	万人发明专利拥有量（件/万人）	技术输出合同成交额（亿元）	技术输出合同成交额与地区生产总值之比（%）
洛阳市	39.97	7322	10.58	48.15	0.96
南阳市	7.96	1887	1.88	7.17	0.19
武汉市	80.46	46108	41.12	824.83	5.08
宜昌市	37.02	3526	8.52	121.74	2.73
襄阳市	74.80	3521	6.20	131.15	2.73
长沙市	41.32	27676	32.97	234.63	2.03
株洲市	86.44	6061	15.05	105.83	3.52
衡阳市	23.83	1623	2.22	12.59	0.37
呼和浩特市	34.43	2327	7.42	12.62	0.45
包头市	71.79	1635	5.64	1.45	0.05
南宁市	59.88	7784	10.60	29.85	0.66
成都市	41.34	42046	25.36	1152.40	6.77
贵阳市	61.11	6828	13.73	135.76	3.36
遵义市	0	1874	2.97	25.26	0.73
昆明市	35.02	10240	14.73	68.21	1.05
玉溪市	50.45	890	3.73	4.35	0.22
拉萨市	0	564	7.83	0.96	0.16
西安市	124.88	41727	40.89	1364.00	14.63
宝鸡市	97.44	1208	3.21	32.91	1.48
汉中市	0	468	1.36	5.05	0.33
兰州市	64.24	4897	12.92	65.02	2.29
西宁市	4.54	1365	5.72	8.19	0.62
银川市	4.75	2123	9.26	8.83	0.47
乌鲁木齐市	123.57	3017	8.49	3.03	0.09

成果转化力（1）

城市	技术输入合同成交额（亿元）	技术输入合同成交额与地区生产总值之比（%）	科创板上市企业数（家）	国家级科技企业孵化器、大学科技园、双创示范基地数（个）
石家庄市	133.21	2.29	0	34
唐山市	204.31	2.97	0	14
秦皇岛市	11.11	0.69	0	8
南京市	576.90	4.11	5	96
无锡市	196.73	1.66	8	38
徐州市	82.59	1.15	0	20
常州市	148.47	2.01	3	34
苏州市	325.07	1.69	33	101
南通市	137.16	1.46	4	24
连云港市	37.91	1.21	2	5
盐城市	42.23	0.74	0	21
扬州市	63.02	1.08	1	22
镇江市	52.81	1.28	3	16
泰州市	28.88	0.56	3	10
杭州市	367.22	2.39	16	101
宁波市	171.62	1.43	3	39
嘉兴市	110.11	2.05	3	22
湖州市	56.38	1.81	3	15
绍兴市	40.06	0.69	0	3
金华市	81.37	1.78	0	4
福州市	155.33	1.65	3	16
厦门市	99.33	1.66	3	42
泉州市	26.37	0.27	0	11
龙岩市	3.21	0.12	2	1
济南市	321.85	3.41	5	48

成果转化力（2）

城市	技术输入合同成交额（亿元）	技术输入合同成交额与地区生产总值之比（%）	科创板上市企业数（家）	国家级科技企业孵化器、大学科技园、双创示范基地数（个）
青岛市	199.67	1.70	4	101
东营市	54.37	1.86	0	8
烟台市	69.79	0.91	1	20
潍坊市	90.60	1.59	0	16
济宁市	70.86	1.62	1	21
广州市	895.53	3.79	10	84
深圳市	1506.40	5.59	27	123
佛山市	59.59	0.55	3	42
东莞市	422.68	4.46	6	42
海口市	42.74	2.56	1	6
沈阳市	140.26	2.17	1	38
大连市	111.87	1.60	2	42
长春市	399.54	6.77	2	31
吉林市	12.03	0.85	0	6
哈尔滨市	76.06	1.45	1	37
太原市	237.60	5.92	0	27
合肥市	252.56	2.68	12	38
芜湖市	124.23	3.43	1	9
马鞍山市	12.77	0.61	0	5
南昌市	172.69	3.09	1	36
景德镇市	11.50	1.24	0	5
萍乡市	4.22	0.45	0	1
郑州市	159.26	1.37	0	37

成果转化力（3）

城市	技术输入合同成交额（亿元）	技术输入合同成交额与地区生产总值之比（%）	科创板上市企业数（家）	国家级科技企业孵化器、大学科技园、双创示范基地数（个）
洛阳市	36.17	0.72	1	16
南阳市	20.29	0.53	1	4
武汉市	514.02	3.17	7	80
宜昌市	60.48	1.36	0	12
襄阳市	77.90	1.62	0	8
长沙市	168.02	1.45	8	39
株洲市	25.87	0.86	2	10
衡阳市	14.99	0.44	0	1
呼和浩特市	63.35	2.27	0	14
包头市	6.52	0.24	0	14
南宁市	180.14	4.00	0	13
成都市	501.58	2.95	11	67
贵阳市	223.12	5.52	1	24
遵义市	43.46	1.25	0	4
昆明市	97.42	1.50	0	36
玉溪市	2.82	0.14	0	2
拉萨市	96.04	15.54	0	4
西安市	501.85	5.38	5	81
宝鸡市	26.27	1.18	0	6
汉中市	9.97	0.64	0	1
兰州市	77.94	2.75	0	31
西宁市	55.87	4.21	0	16
银川市	37.37	1.97	0	9
乌鲁木齐市	59.37	1.74	0	24

成果转化力（4）

城市	国家级科技企业孵化器、大学科技园新增在孵企业数（家）	科技型中小企业数（家）	规上工业企业新产品销售收入与营业收入之比（%）
石家庄市	171	1120	15.95
唐山市	65	516	14.04
秦皇岛市	43	148	19.24
南京市	701	6693	20.40
无锡市	467	3706	21.82
徐州市	240	610	24.33
常州市	359	967	23.02
苏州市	1143	5176	29.56
南通市	274	893	32.01
连云港市	24	552	25.16
盐城市	220	975	13.87
扬州市	177	879	29.25
镇江市	143	586	25.49
泰州市	189	855	23.86
杭州市	957	2983	37.07
宁波市	467	2088	32.39
嘉兴市	219	754	39.20
湖州市	139	528	34.82
绍兴市	37	279	33.76
金华市	73	256	31.82
福州市	124	1008	12.43
厦门市	245	1143	30.18
泉州市	29	564	6.73
龙岩市	13	239	9.61
济南市	285	1060	31.91

成果转化力（5）

城市	国家级科技企业孵化器、大学科技园新增在孵企业数（家）	科技型中小企业数（家）	规上工业企业新产品销售收入与营业收入之比（%）
青岛市	332	2498	23.14
东营市	172	221	6.88
烟台市	252	1547	17.79
潍坊市	140	681	17.89
济宁市	132	400	18.23
广州市	661	9267	27.87
深圳市	619	8808	39.08
佛山市	364	1353	19.56
东莞市	428	1950	42.23
海口市	25	180	14.43
沈阳市	357	1171	19.06
大连市	285	1616	16.17
长春市	310	446	21.87
吉林市	73	41	10.51
哈尔滨市	347	1184	13.79
太原市	160	3573	21.44
合肥市	367	1576	42.79
芜湖市	80	833	33.35
马鞍山市	74	345	19.24
南昌市	292	1101	21.04
景德镇市	0	128	28.97
萍乡市	0	150	15.61
郑州市	400	3777	32.11

成果转化力（6）

城市	国家级科技企业孵化器、大学科技园新增在孵企业数（家）	科技型中小企业数（家）	规上工业企业新产品销售收入与营业收入之比（%）
洛阳市	282	1649	15.82
南阳市	7	358	15.55
武汉市	765	1540	14.49
宜昌市	130	499	21.38
襄阳市	82	348	30.51
长沙市	364	1101	35.67
株洲市	38	444	24.15
衡阳市	0	159	17.08
呼和浩特市	55	117	16.32
包头市	95	33	15.61
南宁市	214	504	6.63
成都市	806	5211	11.25
贵阳市	227	235	11.56
遵义市	23	35	11.46
昆明市	273	460	7.28
玉溪市	0	49	9.16
拉萨市	6	103	0
西安市	446	3997	26.01
宝鸡市	46	199	14.39
汉中市	0	112	9.97
兰州市	235	191	7.71
西宁市	65	154	7.44
银川市	26	184	11.56
乌鲁木齐市	193	171	13.24

创新驱动力（1）

城市	高新技术企业营业收入与规上工业企业之比（%）	城乡居民人均可支配收入之比	单位地区生产总值能耗（吨标准煤/万元）	PM2.5年平均浓度（微克/立方米）
石家庄市	93.99	2.43	0.66	63
唐山市	39.92	2.21	1.71	54
秦皇岛市	30.93	2.55	0.67	44
南京市	59.34	2.33	0.28	40
无锡市	36.22	1.84	0.34	39
徐州市	42.67	1.82	0.28	57
常州市	33.70	1.91	0.25	44
苏州市	41.12	1.95	0.47	36
南通市	42.49	2.07	0.26	37
连云港市	40.63	1.96	0.29	42
盐城市	45.51	1.74	0.28	39
扬州市	44.18	1.95	0.27	43
镇江市	47.77	1.97	0.47	45
泰州市	33.87	2.04	0.18	41
杭州市	84.12	1.82	0.31	38
宁波市	34.34	1.77	0.38	29
嘉兴市	39.04	1.66	0.40	35
湖州市	41.56	1.70	0.45	32
绍兴市	35.30	1.77	0.43	36
金华市	36.01	2.08	0.39	31
福州市	19.81	2.25	0.40	24
厦门市	36.24	2.38	0.34	24
泉州市	4.86	2.24	0.43	24
龙岩市	13.90	2.06	0.50	22
济南市	87.16	2.67	0.42	55

三、国家创新型城市创新能力按维度监测

创新驱动力（2）

城市	高新技术企业营业收入与规上工业企业之比（%）	城乡居民人均可支配收入之比	单位地区生产总值能耗（吨标准煤/万元）	PM2.5年平均浓度（微克/立方米）
青岛市	58.93	2.41	0.45	37
东营市	13.76	2.69	0.56	48
烟台市	28.44	2.26	0.47	35
潍坊市	35.58	2.05	0.75	54
济宁市	22.14	2.10	0.63	54
广州市	76.92	2.25	0.37	30
深圳市	82.10	1.00	0.34	24
佛山市	29.69	1.75	0.38	30
东莞市	53.58	1.54	0.41	32
海口市	73.61	2.42	0.33	17
沈阳市	40.62	2.58	0.39	43
大连市	36.75	2.33	0.38	35
长春市	20.59	2.16	0.32	38
吉林市	25.92	2.03	0.71	38
哈尔滨市	61.06	2.19	0.56	42
太原市	78.89	1.98	0.75	56
合肥市	72.84	2.02	0.26	44
芜湖市	50.07	1.85	0.33	44
马鞍山市	33.15	2.09	0.94	43
南昌市	56.60	2.26	0.29	35
景德镇市	51.59	2.23	0.47	27
萍乡市	11.49	1.97	0.82	40
郑州市	33.07	1.79	0.39	58

创新驱动力（3）

城市	高新技术企业营业收入与规上工业企业之比（%）	城乡居民人均可支配收入之比	单位地区生产总值能耗（吨标准煤/万元）	PM2.5年平均浓度（微克/立方米）
洛阳市	28.56	2.58	0.44	62
南阳市	21.79	2.20	0.36	60
武汉市	80.02	2.09	0.58	45
宜昌市	44.82	2.12	0.87	45
襄阳市	41.18	1.97	0.73	60
长沙市	93.40	1.71	0.42	47
株洲市	78.70	2.15	0.58	47
衡阳市	49.38	1.74	0.56	42
呼和浩特市	27.50	2.60	0.62	37
包头市	55.70	2.63	1.72	38
南宁市	68.67	2.50	0.28	30
成都市	48.17	1.88	0.37	43
贵阳市	68.38	2.21	0.61	27
遵义市	20.12	2.61	0.55	22
昆明市	51.69	2.83	0.36	26
玉溪市	20.50	2.59	0.68	23
拉萨市	77.75	2.45	0.12	12
西安市	105.12	2.87	0.31	57
宝鸡市	40.89	2.63	0.46	44
汉中市	12.90	2.96	0.45	42
兰州市	38.26	2.80	0.62	36
西宁市	34.83	2.77	1.65	34
银川市	13.60	2.50	2.12	31
乌鲁木齐市	35.28	1.99	0.60	50

创新驱动力（4）

城市	实际使用外资额（万美元）	人均实际使用外资额（美元/人）	居民人均可支配收入（万元/人）
石家庄市	163351	148.08	3.86
唐山市	180386	226.50	4.26
秦皇岛市	120036	381.51	3.84
南京市	410058	482.42	6.44
无锡市	361977	549.16	6.19
徐州市	208997	236.81	3.62
常州市	262812	554.92	5.83
苏州市	461545	429.35	6.86
南通市	266528	364.21	5.02
连云港市	61402	136.12	3.54
盐城市	91314	126.67	3.88
扬州市	138756	305.03	4.56
镇江市	65957	205.89	5.27
泰州市	146864	316.78	4.72
杭州市	612818	591.52	6.61
宁波市	236341	276.68	6.49
嘉兴市	412541	859.46	6.19
湖州市	189881	620.53	5.90
绍兴市	65739	130.00	6.39
金华市	21657	38.51	5.93
福州市	94116	120.66	4.79
厦门市	197995	461.53	5.90
泉州市	63966	73.19	4.96
龙岩市	4781	18.10	3.88
济南市	224249	251.72	5.19

创新驱动力（5）

城市	实际使用外资额（万美元）	人均实际使用外资额（美元/人）	居民人均可支配收入（万元/人）
青岛市	584193	614.95	5.45
东营市	24385	111.87	5.11
烟台市	194054	271.86	4.80
潍坊市	69940	74.79	4.17
济宁市	45156	54.04	3.71
广州市	714349	466.71	6.51
深圳市	780944	581.11	6.25
佛山市	73292	89.83	5.52
东莞市	129092	152.51	5.52
海口市	67154	288.47	3.90
沈阳市	165054	198.33	4.68
大连市	64617	92.26	4.65
长春市	33000	43.78	3.34
吉林市	3612	8.78	3.01
哈尔滨市	33953	31.55	4.00
太原市	9717	21.78	3.64
合肥市	339150	414.15	4.54
芜湖市	292000	772.90	4.21
马鞍山市	265883	1126.15	4.90
南昌市	377156	673.42	4.41
景德镇市	23675	140.88	4.01
萍乡市	42602	219.45	3.85
郑州市	440542	425.56	4.21

三、国家创新型城市创新能力按维度监测

创新驱动力（6）

城市	实际使用外资额 （万美元）	人均 实际使用外资额 （美元/人）	居民 人均可支配收入 （万元/人）
洛阳市	290822	420.14	3.86
南阳市	69162	68.94	3.34
武汉市	1230896	1097.84	5.17
宜昌市	30191	72.96	3.85
襄阳市	95797	168.66	3.73
长沙市	637366	759.27	5.52
株洲市	153591	381.26	4.66
衡阳市	158032	216.46	3.46
呼和浩特市	25733	82.04	4.94
包头市	18100	62.48	5.04
南宁市	31018	42.23	3.77
成都市	1316900	794.22	4.59
贵阳市	178000	358.05	3.82
遵义市	43542	69.09	3.54
昆明市	64861	93.33	4.63
玉溪市	1003	4.20	4.07
拉萨市	0	0	3.97
西安市	705738	691.66	4.19
宝鸡市	11088	29.48	3.44
汉中市	5427	15.79	3.28
兰州市	7483	19.74	3.81
西宁市	7565	31.69	3.48
银川市	20023	87.32	3.82
乌鲁木齐市	665	1.87	4.27

四、国家创新型城市创新能力按城市监测

石家庄市（1）

指标名称	2018年	2019年
财政科技支出（亿元）	11.87	12.34
财政科技支出占公共财政支出比重（%）	1.20	1.17
常住人口（万人）	1095.16	1103.12
常住人口增长率（%）	0.66	0.73
普通高校在校学生数（万人）	62.20	53.31
万人普通高校在校学生数（人/万人）	568	483
专利申请量（件）	20063	23241
万人专利申请量（件/万人）	18.32	21.07
人均地区生产总值（万元/人）	5.55	5.27
全社会研发经费支出（亿元）	122.50	149.80
全社会研发经费支出与地区生产总值之比（%）	2.01	2.58
基础研究经费占研发经费比重（%）	2.68	2.55
万名就业人员中研发人员（人年/万人）	43.66	37.32
中央级普通高校数（个）	0	0
国家级科技成果奖数（项当量）	11.58	23.75
规上工业企业研发经费支出（亿元）	77.36	89.31
规上工业企业研发经费支出与营业收入之比（%）	1.00	1.97
高新技术企业数（家）	1299	2061
国家高新区营业收入（亿元）	2000.31	2123.08

石家庄市（2）

指标名称	2018 年	2019 年
国家高新区营业收入与地区生产总值之比（%）	32.89	36.54
发明专利拥有量（件）	6957	7941
万人发明专利拥有量（件/万人）	6.35	7.20
技术输出合同成交额（亿元）	25.49	29.28
技术输出合同成交额与地区生产总值之比（%）	0.42	0.50
技术输入合同成交额（亿元）	94.73	133.21
技术输入合同成交额与地区生产总值之比（%）	1.56	2.29
科创板上市企业数（家）	0	0
国家级科技企业孵化器、大学科技园、双创示范基地数（个）	35	34
国家级科技企业孵化器、大学科技园新增在孵企业数（家）	179	171
科技型中小企业数（家）	727	1120
规上工业企业新产品销售收入与营业收入之比（%）	16.04	15.95
高新技术企业营业收入与规上工业企业之比（%）	46.16	93.99
城乡居民人均可支配收入之比	2.45	2.43
单位地区生产总值能耗（吨标准煤/万元）	0.63	0.66
PM2.5 年平均浓度（微克/立方米）	72	63
实际使用外资额（万美元）	149993	163351
人均实际使用外资额（美元/人）	136.96	148.08
居民人均可支配收入（万元/人）	3.56	3.86

唐山市（1）

指标名称	2018 年	2019 年
财政科技支出（亿元）	8.91	9.82
财政科技支出占公共财政支出比重（%）	1.19	1.23
常住人口（万人）	793.58	796.42
常住人口增长率（%）	0.49	0.36
普通高校在校学生数（万人）	13.33	14.63
万人普通高校在校学生数（人/万人）	168	184
专利申请量（件）	9639	12305
万人专利申请量（件/万人）	12.15	15.45
人均地区生产总值（万元/人）	8.76	8.65
全社会研发经费支出（亿元）	114.90	126.60
全社会研发经费支出与地区生产总值之比（%）	1.65	1.84
基础研究经费占研发经费比重（%）	0.69	0.73
万名就业人员中研发人员（人年/万人）	42.61	47.97
中央级普通高校数（个）	0	0
国家级科技成果奖数（项当量）	2.97	2.46
规上工业企业研发经费支出（亿元）	105.79	116.60
规上工业企业研发经费支出与营业收入之比（%）	1.02	1.03
高新技术企业数（家）	541	979
国家高新区营业收入（亿元）	122.28	125.35

唐山市（2）

指标名称	2018 年	2019 年
国家高新区营业收入与地区生产总值之比（%）	1.76	1.82
发明专利拥有量（件）	3256	4188
万人发明专利拥有量（件/万人）	4.10	5.26
技术输出合同成交额（亿元）	52.04	27.73
技术输出合同成交额与地区生产总值之比（%）	0.75	0.40
技术输入合同成交额（亿元）	121.66	204.31
技术输入合同成交额与地区生产总值之比（%）	1.75	2.97
科创板上市企业数（家）	0	0
国家级科技企业孵化器、大学科技园、双创示范基地数（个）	12	14
国家级科技企业孵化器、大学科技园新增在孵企业数（家）	25	65
科技型中小企业数（家）	153	516
规上工业企业新产品销售收入与营业收入之比（%）	11.59	14.04
高新技术企业营业收入与规上工业企业之比（%）	34.29	39.92
城乡居民人均可支配收入之比	2.23	2.21
单位地区生产总值能耗（吨标准煤/万元）	1.24	1.71
PM2.5 年平均浓度（微克/立方米）	60	54
实际使用外资额（万美元）	170068	180386
人均实际使用外资额（美元/人）	214.30	226.50
居民人均可支配收入（万元/人）	3.94	4.26

秦皇岛市（1）

指标名称	2018年	2019年
财政科技支出（亿元）	3.06	3.10
财政科技支出占公共财政支出比重（%）	1.05	0.98
常住人口（万人）	313.42	314.63
常住人口增长率（%）	0.75	0.39
普通高校在校学生数（万人）	15.13	9.47
万人普通高校在校学生数（人/万人）	483	301
专利申请量（件）	5464	5613
万人专利申请量（件/万人）	17.43	17.84
人均地区生产总值（万元/人）	5.22	5.12
全社会研发经费支出（亿元）	21.90	20.80
全社会研发经费支出与地区生产总值之比（%）	1.34	1.29
基础研究经费占研发经费比重（%）	10.50	9.53
万名就业人员中研发人员（人年/万人）	40.95	30.13
中央级普通高校数（个）	0	0
国家级科技成果奖数（项当量）	12.49	6.41
规上工业企业研发经费支出（亿元）	16.53	15.79
规上工业企业研发经费支出与营业收入之比（%）	1.16	0.77
高新技术企业数（家）	195	269
国家高新区营业收入（亿元）	0	0

秦皇岛市（2）

指标名称	2018年	2019年
国家高新区营业收入与地区生产总值之比（%）	0	0
发明专利拥有量（件）	2438	2815
万人发明专利拥有量（件/万人）	7.78	8.95
技术输出合同成交额（亿元）	21.70	46.46
技术输出合同成交额与地区生产总值之比（%）	1.33	2.88
技术输入合同成交额（亿元）	17.24	11.11
技术输入合同成交额与地区生产总值之比（%）	1.05	0.69
科创板上市企业数（家）	0	0
国家级科技企业孵化器、大学科技园、双创示范基地数（个）	8	8
国家级科技企业孵化器、大学科技园新增在孵企业数（家）	37	43
科技型中小企业数（家）	140	148
规上工业企业新产品销售收入与营业收入之比（%）	63.91	19.24
高新技术企业营业收入与规上工业企业之比（%）	36.35	30.93
城乡居民人均可支配收入之比	2.58	2.55
单位地区生产总值能耗（吨标准煤/万元）	0.67	0.67
PM2.5年平均浓度（微克/立方米）	38	44
实际使用外资额（万美元）	110865	120036
人均实际使用外资额（美元/人）	353.73	381.51
居民人均可支配收入（万元/人）	3.54	3.84

南京市（1）

指标名称	2018 年	2019 年
财政科技支出（亿元）	80.54	97.62
财政科技支出占公共财政支出比重（%）	5.25	5.89
常住人口（万人）	843.62	850.00
常住人口增长率（%）	1.21	0.76
普通高校在校学生数（万人）	72.67	87.79
万人普通高校在校学生数（人/万人）	861	1033
专利申请量（件）	106685	100644
万人专利申请量（件/万人）	126.46	118.40
人均地区生产总值（万元/人）	15.20	16.51
全社会研发经费支出（亿元）	416.57	465.16
全社会研发经费支出与地区生产总值之比（%）	3.25	3.32
基础研究经费占研发经费比重（%）	10.42	10.94
万名就业人员中研发人员（人年/万人）	109.86	244.34
中央级普通高校数（个）	8	8
国家级科技成果奖数（项当量）	154.69	186.38
规上工业企业研发经费支出（亿元）	210.32	229.12
规上工业企业研发经费支出与营业收入之比（%）	1.63	1.92
高新技术企业数（家）	3095	4644
国家高新区营业收入（亿元）	6203.34	6778.85

南京市（2）

指标名称	2018 年	2019 年
国家高新区营业收入与地区生产总值之比（%）	48.39	48.32
发明专利拥有量（件）	49812	58474
万人发明专利拥有量（件/万人）	59.05	68.79
技术输出合同成交额（亿元）	400.26	588.41
技术输出合同成交额与地区生产总值之比（%）	3.12	4.19
技术输入合同成交额（亿元）	452.25	576.90
技术输入合同成交额与地区生产总值之比（%）	3.53	4.11
科创板上市企业数（家）	2	5
国家级科技企业孵化器、大学科技园、双创示范基地数（个）	87	96
国家级科技企业孵化器、大学科技园新增在孵企业数（家）	592	701
科技型中小企业数（家）	3325	6693
规上工业企业新产品销售收入与营业收入之比（%）	18.07	20.40
高新技术企业营业收入与规上工业企业之比（%）	48.58	59.34
城乡居民人均可支配收入之比	2.35	2.33
单位地区生产总值能耗（吨标准煤/万元）	0.30	0.28
PM2.5 年平均浓度（微克/立方米）	43	40
实际使用外资额（万美元）	385339	410058
人均实际使用外资额（美元/人）	456.77	482.42
居民人均可支配收入（万元/人）	5.93	6.44

无锡市（1）

指标名称	2018 年	2019 年
财政科技支出（亿元）	49.68	55.21
财政科技支出占公共财政支出比重（%）	4.70	4.94
常住人口（万人）	657.45	659.15
常住人口增长率（%）	0.33	0.26
普通高校在校学生数（万人）	10.60	12.00
万人普通高校在校学生数（人/万人）	161	182
专利申请量（件）	61625	66169
万人专利申请量（件/万人）	93.73	100.39
人均地区生产总值（万元/人）	17.40	17.98
全社会研发经费支出（亿元）	332.24	370.00
全社会研发经费支出与地区生产总值之比（%）	2.90	3.12
基础研究经费占研发经费比重（%）	0.61	0.40
万名就业人员中研发人员（人年/万人）	126.28	199.50
中央级普通高校数（个）	1	1
国家级科技成果奖数（项当量）	19.07	30.64
规上工业企业研发经费支出（亿元）	296.51	328.00
规上工业企业研发经费支出与营业收入之比（%）	1.70	1.83
高新技术企业数（家）	2046	2765
国家高新区营业收入（亿元）	5728.69	6103.96

无锡市（2）

指标名称	2018 年	2019 年
国家高新区营业收入与地区生产总值之比（%）	50.08	51.50
发明专利拥有量（件）	26191	28954
万人发明专利拥有量（件/万人）	39.84	43.93
技术输出合同成交额（亿元）	93.14	181.32
技术输出合同成交额与地区生产总值之比（%）	0.81	1.53
技术输入合同成交额（亿元）	144.29	196.73
技术输入合同成交额与地区生产总值之比（%）	1.26	1.66
科创板上市企业数（家）	4	8
国家级科技企业孵化器、大学科技园、双创示范基地数（个）	37	38
国家级科技企业孵化器、大学科技园新增在孵企业数（家）	448	467
科技型中小企业数（家）	2268	3706
规上工业企业新产品销售收入与营业收入之比（%）	20.37	21.82
高新技术企业营业收入与规上工业企业之比（%）	32.23	36.22
城乡居民人均可支配收入之比	1.85	1.84
单位地区生产总值能耗（吨标准煤/万元）	0.35	0.34
PM2.5 年平均浓度（微克/立方米）	43	39
实际使用外资额（万美元）	369133	361977
人均实际使用外资额（美元/人）	561.46	549.16
居民人均可支配收入（万元/人）	5.70	6.19

徐州市（1）

指标名称	2018 年	2019 年
财政科技支出（亿元）	25.45	25.89
财政科技支出占公共财政支出比重（%）	2.89	2.93
常住人口（万人）	880.20	882.56
常住人口增长率（%）	0.44	0.27
普通高校在校学生数（万人）	13.07	13.47
万人普通高校在校学生数（人/万人）	148	153
专利申请量（件）	27630	34161
万人专利申请量（件/万人）	31.39	38.71
人均地区生产总值（万元/人）	7.67	8.10
全社会研发经费支出（亿元）	137.13	125.00
全社会研发经费支出与地区生产总值之比（%）	2.03	1.75
基础研究经费占研发经费比重（%）	2.64	2.90
万名就业人员中研发人员（人年/万人）	47.07	64.82
中央级普通高校数（个）	1	1
国家级科技成果奖数（项当量）	3.80	9.25
规上工业企业研发经费支出（亿元）	116.67	107.18
规上工业企业研发经费支出与营业收入之比（%）	2.09	2.48
高新技术企业数（家）	558	724
国家高新区营业收入（亿元）	993.30	1123.51

徐州市（2）

指标名称	2018 年	2019 年
国家高新区营业收入与地区生产总值之比（%）	14.70	15.71
发明专利拥有量（件）	8574	11944
万人发明专利拥有量（件/万人）	9.74	13.53
技术输出合同成交额（亿元）	37.16	38.07
技术输出合同成交额与地区生产总值之比（%）	0.55	0.53
技术输入合同成交额（亿元）	35.44	82.59
技术输入合同成交额与地区生产总值之比（%）	0.52	1.15
科创板上市企业数（家）	0	0
国家级科技企业孵化器、大学科技园、双创示范基地数（个）	17	20
国家级科技企业孵化器、大学科技园新增在孵企业数（家）	208	240
科技型中小企业数（家）	424	610
规上工业企业新产品销售收入与营业收入之比（%）	16.84	24.33
高新技术企业营业收入与规上工业企业之比（%）	27.17	42.67
城乡居民人均可支配收入之比	1.84	1.82
单位地区生产总值能耗（吨标准煤/万元）	0.27	0.28
PM2.5 年平均浓度（微克/立方米）	62	57
实际使用外资额（万美元）	189848	208997
人均实际使用外资额（美元/人）	215.69	236.81
居民人均可支配收入（万元/人）	3.36	3.62

常州市（1）

指标名称	2018年	2019年
财政科技支出（亿元）	25.39	26.73
财政科技支出占公共财政支出比重（%）	4.27	4.09
常住人口（万人）	472.86	473.60
常住人口增长率（%）	0.24	0.16
普通高校在校学生数（万人）	10.50	13.00
万人普通高校在校学生数（人/万人）	222	274
专利申请量（件）	43106	48423
万人专利申请量（件/万人）	91.16	102.24
人均地区生产总值（万元/人）	14.91	15.63
全社会研发经费支出（亿元）	198.11	221.00
全社会研发经费支出与地区生产总值之比（%）	2.81	2.99
基础研究经费占研发经费比重（%）	0.26	0.34
万名就业人员中研发人员（人年/万人）	118.80	207.91
中央级普通高校数（个）	0	0
国家级科技成果奖数（项当量）	3.69	7.47
规上工业企业研发经费支出（亿元）	180.99	197.50
规上工业企业研发经费支出与营业收入之比（%）	1.53	1.77
高新技术企业数（家）	1392	1743
国家高新区营业收入（亿元）	4302.25	4731.93

常州市（2）

指标名称	2018年	2019年
国家高新区营业收入与地区生产总值之比（%）	61.02	63.94
发明专利拥有量（件）	15469	17307
万人发明专利拥有量（件/万人）	32.71	36.54
技术输出合同成交额（亿元）	67.46	102.33
技术输出合同成交额与地区生产总值之比（%）	0.96	1.38
技术输入合同成交额（亿元）	100.16	148.47
技术输入合同成交额与地区生产总值之比（%）	1.42	2.01
科创板上市企业数（家）	1	3
国家级科技企业孵化器、大学科技园、双创示范基地数（个）	31	34
国家级科技企业孵化器、大学科技园新增在孵企业数（家）	298	359
科技型中小企业数（家）	1036	967
规上工业企业新产品销售收入与营业收入之比（%）	20.51	23.02
高新技术企业营业收入与规上工业企业之比（%）	27.16	33.70
城乡居民人均可支配收入之比	1.93	1.91
单位地区生产总值能耗（吨标准煤/万元）	0.25	0.25
PM2.5年平均浓度（微克/立方米）	53	44
实际使用外资额（万美元）	242189	262812
人均实际使用外资额（美元/人）	512.18	554.92
居民人均可支配收入（万元/人）	5.40	5.83

苏州市（1）

指标名称	2018 年	2019 年
财政科技支出（亿元）	152.28	181.58
财政科技支出占公共财政支出比重（%）	7.80	8.48
常住人口（万人）	1072.17	1074.99
常住人口增长率（%）	0.36	0.26
普通高校在校学生数（万人）	21.80	24.90
万人普通高校在校学生数（人/万人）	203	232
专利申请量（件）	140333	162896
万人专利申请量（件/万人）	130.89	151.53
人均地区生产总值（万元/人）	17.35	17.89
全社会研发经费支出（亿元）	517.00	700.34
全社会研发经费支出与地区生产总值之比（%）	2.78	3.64
基础研究经费占研发经费比重（%）	1.77	1.20
万名就业人员中研发人员（人年/万人）	121.61	202.82
中央级普通高校数（个）	0	0
国家级科技成果奖数（项当量）	7.76	52.23
规上工业企业研发经费支出（亿元）	518.05	629.78
规上工业企业研发经费支出与营业收入之比（%）	1.48	1.78
高新技术企业数（家）	5352	6971
国家高新区营业收入（亿元）	11497.51	12149.97

苏州市（2）

指标名称	2018年	2019年
国家高新区营业收入与地区生产总值之比（%）	61.82	63.16
发明专利拥有量（件）	56825	63066
万人发明专利拥有量（件/万人）	53.00	58.67
技术输出合同成交额（亿元）	195.25	265.65
技术输出合同成交额与地区生产总值之比（%）	1.05	1.38
技术输入合同成交额（亿元）	235.03	325.07
技术输入合同成交额与地区生产总值之比（%）	1.26	1.69
科创板上市企业数（家）	10	33
国家级科技企业孵化器、大学科技园、双创示范基地数（个）	96	101
国家级科技企业孵化器、大学科技园新增在孵企业数（家）	1032	1143
科技型中小企业数（家）	4122	5176
规上工业企业新产品销售收入与营业收入之比（%）	28.10	29.56
高新技术企业营业收入与规上工业企业之比（%）	37.82	41.12
城乡居民人均可支配收入之比	1.96	1.95
单位地区生产总值能耗（吨标准煤/万元）	0.47	0.47
PM2.5年平均浓度（微克/立方米）	42	36
实际使用外资额（万美元）	452498	461545
人均实际使用外资额（美元/人）	422.04	429.35
居民人均可支配收入（万元/人）	6.35	6.86

南通市（1）

指标名称	2018 年	2019 年
财政科技支出（亿元）	37.78	33.01
财政科技支出占公共财政支出比重（%）	4.31	3.39
常住人口（万人）	731.00	731.80
常住人口增长率（%）	0.07	0.11
普通高校在校学生数（万人）	9.53	11.19
万人普通高校在校学生数（人/万人）	130	153
专利申请量（件）	67692	36005
万人专利申请量（件/万人）	92.60	49.20
人均地区生产总值（万元/人）	11.53	12.82
全社会研发经费支出（亿元）	200.82	233.00
全社会研发经费支出与地区生产总值之比（%）	2.38	2.48
基础研究经费占研发经费比重（%）	0.42	0.43
万名就业人员中研发人员（人年/万人）	73.96	118.92
中央级普通高校数（个）	0	0
国家级科技成果奖数（项当量）	9.50	3.40
规上工业企业研发经费支出（亿元）	198.02	216.01
规上工业企业研发经费支出与营业收入之比（%）	1.52	2.64
高新技术企业数（家）	1298	1691
国家高新区营业收入（亿元）	2546.89	2576.36

南通市（2）

指标名称	2018年	2019年
国家高新区营业收入与地区生产总值之比（%）	30.22	27.46
发明专利拥有量（件）	19945	21810
万人发明专利拥有量（件/万人）	27.28	29.80
技术输出合同成交额（亿元）	42.36	100.05
技术输出合同成交额与地区生产总值之比（%）	0.50	1.07
技术输入合同成交额（亿元）	63.03	137.16
技术输入合同成交额与地区生产总值之比（%）	0.75	1.46
科创板上市企业数（家）	1	4
国家级科技企业孵化器、大学科技园、双创示范基地数（个）	23	24
国家级科技企业孵化器、大学科技园新增在孵企业数（家）	277	274
科技型中小企业数（家）	733	893
规上工业企业新产品销售收入与营业收入之比（%）	18.95	32.01
高新技术企业营业收入与规上工业企业之比（%）	25.95	42.49
城乡居民人均可支配收入之比	2.07	2.07
单位地区生产总值能耗（吨标准煤/万元）	0.29	0.26
PM2.5年平均浓度（微克/立方米）	41	37
实际使用外资额（万美元）	258140	266528
人均实际使用外资额（美元/人）	353.13	364.21
居民人均可支配收入（万元/人）	4.63	5.02

连云港市（1）

指标名称	2018年	2019年
财政科技支出（亿元）	9.92	14.07
财政科技支出占公共财政支出比重（%）	2.36	3.02
常住人口（万人）	452.00	451.10
常住人口增长率（%）	0.04	−0.20
普通高校在校学生数（万人）	4.16	4.70
万人普通高校在校学生数（人/万人）	92	104
专利申请量（件）	9458	8392
万人专利申请量（件/万人）	20.92	18.60
人均地区生产总值（万元/人）	6.13	6.96
全社会研发经费支出（亿元）	48.84	51.81
全社会研发经费支出与地区生产总值之比（%）	1.76	1.65
基础研究经费占研发经费比重（%）	0.37	0.23
万名就业人员中研发人员（人年/万人）	40.22	53.16
中央级普通高校数（个）	0	0
国家级科技成果奖数（项当量）	3.03	0
规上工业企业研发经费支出（亿元）	44.09	48.13
规上工业企业研发经费支出与营业收入之比（%）	1.70	1.77
高新技术企业数（家）	276	334
国家高新区营业收入（亿元）	574.84	679.57

连云港市（2）

指标名称	2018 年	2019 年
国家高新区营业收入与地区生产总值之比（%）	20.74	21.65
发明专利拥有量（件）	2825	3310
万人发明专利拥有量（件/万人）	6.25	7.34
技术输出合同成交额（亿元）	14.40	21.11
技术输出合同成交额与地区生产总值之比（%）	0.52	0.67
技术输入合同成交额（亿元）	225.51	37.91
技术输入合同成交额与地区生产总值之比（%）	8.14	1.21
科创板上市企业数（家）	1	2
国家级科技企业孵化器、大学科技园、双创示范基地数（个）	4	5
国家级科技企业孵化器、大学科技园新增在孵企业数（家）	36	24
科技型中小企业数（家）	280	552
规上工业企业新产品销售收入与营业收入之比（%）	24.95	25.16
高新技术企业营业收入与规上工业企业之比（%）	36.88	40.63
城乡居民人均可支配收入之比	1.97	1.96
单位地区生产总值能耗（吨标准煤/万元）	0.33	0.29
PM2.5 年平均浓度（微克/立方米）	44	42
实际使用外资额（万美元）	60345	61402
人均实际使用外资额（美元/人）	133.51	136.12
居民人均可支配收入（万元/人）	3.27	3.54

盐城市（1）

指标名称	2018 年	2019 年
财政科技支出（亿元）	28.45	26.64
财政科技支出占公共财政支出比重（%）	3.39	3.04
常住人口（万人）	720.00	720.89
常住人口增长率（%）	-0.58	0.12
普通高校在校学生数（万人）	6.41	6.74
万人普通高校在校学生数（人/万人）	89	94
专利申请量（件）	34865	25871
万人专利申请量（件/万人）	48.42	35.89
人均地区生产总值（万元/人）	7.62	7.91
全社会研发经费支出（亿元）	94.74	123.00
全社会研发经费支出与地区生产总值之比（%）	1.73	2.16
基础研究经费占研发经费比重（%）	0.58	0.69
万名就业人员中研发人员（人年/万人）	46.15	61.85
中央级普通高校数（个）	0	0
国家级科技成果奖数（项当量）	0	0.98
规上工业企业研发经费支出（亿元）	92.14	100.68
规上工业企业研发经费支出与营业收入之比（%）	1.51	2.16
高新技术企业数（家）	897	1161
国家高新区营业收入（亿元）	445.40	429.73

盐城市（2）

指标名称	2018 年	2019 年
国家高新区营业收入与地区生产总值之比（%）	8.12	7.54
发明专利拥有量（件）	5493	6721
万人发明专利拥有量（件/万人）	7.63	9.32
技术输出合同成交额（亿元）	17.51	19.40
技术输出合同成交额与地区生产总值之比（%）	0.32	0.34
技术输入合同成交额（亿元）	34.26	42.23
技术输入合同成交额与地区生产总值之比（%）	0.62	0.74
科创板上市企业数（家）	0	0
国家级科技企业孵化器、大学科技园、双创示范基地数（个）	20	21
国家级科技企业孵化器、大学科技园新增在孵企业数（家）	236	220
科技型中小企业数（家）	559	975
规上工业企业新产品销售收入与营业收入之比（%）	10.14	13.87
高新技术企业营业收入与规上工业企业之比（%）	26.66	45.51
城乡居民人均可支配收入之比	1.76	1.74
单位地区生产总值能耗（吨标准煤/万元）	0.20	0.28
PM2.5 年平均浓度（微克/立方米）	41	39
实际使用外资额（万美元）	91313	91314
人均实际使用外资额（美元/人）	126.82	126.67
居民人均可支配收入（万元/人）	3.59	3.88

扬州市（1）

指标名称	2018年	2019年
财政科技支出（亿元）	16.05	17.34
财政科技支出占公共财政支出比重（%）	2.85	2.83
常住人口（万人）	453.10	454.90
常住人口增长率（%）	0.51	0.40
普通高校在校学生数（万人）	7.90	8.70
万人普通高校在校学生数（人/万人）	174	191
专利申请量（件）	44821	32312
万人专利申请量（件/万人）	98.92	71.03
人均地区生产总值（万元/人）	12.06	12.86
全社会研发经费支出（亿元）	125.84	147.42
全社会研发经费支出与地区生产总值之比（%）	2.30	2.52
基础研究经费占研发经费比重（%）	2.00	0.51
万名就业人员中研发人员（人年/万人）	63.48	105.38
中央级普通高校数（个）	0	0
国家级科技成果奖数（项当量）	8.89	17.75
规上工业企业研发经费支出（亿元）	109.60	119.48
规上工业企业研发经费支出与营业收入之比（%）	1.56	2.46
高新技术企业数（家）	1001	1267
国家高新区营业收入（亿元）	407.26	388.02

扬州市（2）

指标名称	2018年	2019年
国家高新区营业收入与地区生产总值之比（%）	7.45	6.63
发明专利拥有量（件）	5639	6874
万人发明专利拥有量（件/万人）	12.45	15.11
技术输出合同成交额（亿元）	57.06	56.14
技术输出合同成交额与地区生产总值之比（%）	1.04	0.96
技术输入合同成交额（亿元）	46.08	63.02
技术输入合同成交额与地区生产总值之比（%）	0.84	1.08
科创板上市企业数（家）	0	1
国家级科技企业孵化器、大学科技园、双创示范基地数（个）	19	22
国家级科技企业孵化器、大学科技园新增在孵企业数（家）	255	177
科技型中小企业数（家）	731	879
规上工业企业新产品销售收入与营业收入之比（%）	19.05	29.25
高新技术企业营业收入与规上工业企业之比（%）	26.32	44.18
城乡居民人均可支配收入之比	1.96	1.95
单位地区生产总值能耗（吨标准煤/万元）	0.30	0.27
PM2.5年平均浓度（微克/立方米）	49	43
实际使用外资额（万美元）	122044	138756
人均实际使用外资额（美元/人）	269.35	305.03
居民人均可支配收入（万元/人）	4.20	4.56

镇江市（1）

指标名称	2018 年	2019 年
财政科技支出（亿元）	16.50	18.31
财政科技支出占公共财政支出比重（%）	4.04	3.93
常住人口（万人）	319.64	320.35
常住人口增长率（%）	0.32	0.22
普通高校在校学生数（万人）	8.38	10.01
万人普通高校在校学生数（人/万人）	262	313
专利申请量（件）	28353	23134
万人专利申请量（件/万人）	88.70	72.21
人均地区生产总值（万元/人）	12.67	12.88
全社会研发经费支出（亿元）	102.55	83.00
全社会研发经费支出与地区生产总值之比（%）	2.53	2.01
基础研究经费占研发经费比重（%）	1.73	2.97
万名就业人员中研发人员（人年/万人）	105.94	99.56
中央级普通高校数（个）	0	0
国家级科技成果奖数（项当量）	4.53	15.97
规上工业企业研发经费支出（亿元）	105.26	70.57
规上工业企业研发经费支出与营业收入之比（%）	2.46	1.86
高新技术企业数（家）	738	941
国家高新区营业收入（亿元）	666.00	725.40

镇江市（2）

指标名称	2018 年	2019 年
国家高新区营业收入与地区生产总值之比（%）	16.44	17.58
发明专利拥有量（件）	11950	12847
万人发明专利拥有量（件/万人）	37.39	40.10
技术输出合同成交额（亿元）	21.55	32.72
技术输出合同成交额与地区生产总值之比（%）	0.53	0.79
技术输入合同成交额（亿元）	23.82	52.81
技术输入合同成交额与地区生产总值之比（%）	0.59	1.28
科创板上市企业数（家）	2	3
国家级科技企业孵化器、大学科技园、双创示范基地数（个）	15	16
国家级科技企业孵化器、大学科技园新增在孵企业数（家）	153	143
科技型中小企业数（家）	648	586
规上工业企业新产品销售收入与营业收入之比（%）	49.54	25.49
高新技术企业营业收入与规上工业企业之比（%）	40.04	47.77
城乡居民人均可支配收入之比	1.98	1.97
单位地区生产总值能耗（吨标准煤/万元）	0.43	0.47
PM2.5 年平均浓度（微克/立方米）	54	45
实际使用外资额（万美元）	86774	65957
人均实际使用外资额（美元/人）	271.47	205.89
居民人均可支配收入（万元/人）	4.89	5.27

泰州市（1）

指标名称	2018年	2019年
财政科技支出（亿元）	15.12	17.75
财政科技支出占公共财政支出比重（%）	2.84	2.99
常住人口（万人）	463.57	463.61
常住人口增长率（%）	−0.35	0.01
普通高校在校学生数（万人）	6.34	6.58
万人普通高校在校学生数（人/万人）	137	142
专利申请量（件）	38332	24132
万人专利申请量（件/万人）	82.69	52.05
人均地区生产总值（万元/人）	11.02	11.07
全社会研发经费支出（亿元）	107.47	133.00
全社会研发经费支出与地区生产总值之比（%）	2.10	2.59
基础研究经费占研发经费比重（%）	0.11	0.25
万名就业人员中研发人员（人年/万人）	49.02	81.02
中央级普通高校数（个）	0	0
国家级科技成果奖数（项当量）	2.37	0.98
规上工业企业研发经费支出（亿元）	107.03	122.94
规上工业企业研发经费支出与营业收入之比（%）	1.57	2.23
高新技术企业数（家）	772	967
国家高新区营业收入（亿元）	1159.00	1170.53

泰州市（2）

指标名称	2018 年	2019 年
国家高新区营业收入与地区生产总值之比（%）	22.69	22.80
发明专利拥有量（件）	6261	7375
万人发明专利拥有量（件/万人）	13.51	15.91
技术输出合同成交额（亿元）	24.54	34.11
技术输出合同成交额与地区生产总值之比（%）	0.48	0.66
技术输入合同成交额（亿元）	20.92	28.88
技术输入合同成交额与地区生产总值之比（%）	0.41	0.56
科创板上市企业数（家）	1	3
国家级科技企业孵化器、大学科技园、双创示范基地数（个）	10	10
国家级科技企业孵化器、大学科技园新增在孵企业数（家）	190	189
科技型中小企业数（家）	725	855
规上工业企业新产品销售收入与营业收入之比（%）	21.60	23.86
高新技术企业营业收入与规上工业企业之比（%）	25.84	33.87
城乡居民人均可支配收入之比	2.05	2.04
单位地区生产总值能耗（吨标准煤/万元）	0.18	0.18
PM2.5 年平均浓度（微克/立方米）	47	41
实际使用外资额（万美元）	150731	146864
人均实际使用外资额（美元/人）	325.15	316.78
居民人均可支配收入（万元/人）	4.35	4.72

杭州市（1）

指标名称	2018 年	2019 年
财政科技支出（亿元）	118.21	148.19
财政科技支出占公共财政支出比重（%）	6.88	7.59
常住人口（万人）	980.60	1036.00
常住人口增长率（%）	3.57	5.65
普通高校在校学生数（万人）	43.20	44.67
万人普通高校在校学生数（人/万人）	441	431
专利申请量（件）	100484	110250
万人专利申请量（件/万人）	102.47	106.42
人均地区生产总值（万元/人）	13.78	14.84
全社会研发经费支出（亿元）	464.25	530.42
全社会研发经费支出与地区生产总值之比（%）	3.44	3.45
基础研究经费占研发经费比重（%）	6.06	6.13
万名就业人员中研发人员（人年/万人）	110.83	175.38
中央级普通高校数（个）	1	1
国家级科技成果奖数（项当量）	58.96	143.51
规上工业企业研发经费支出（亿元）	268.28	296.90
规上工业企业研发经费支出与营业收入之比（%）	1.86	1.86
高新技术企业数（家）	3752	5462
国家高新区营业收入（亿元）	7772.76	10496.74

杭州市（2）

指标名称	2018 年	2019 年
国家高新区营业收入与地区生产总值之比（%）	57.54	68.28
发明专利拥有量（件）	51306	58651
万人发明专利拥有量（件/万人）	52.32	56.61
技术输出合同成交额（亿元）	207.11	267.49
技术输出合同成交额与地区生产总值之比（%）	1.53	1.74
技术输入合同成交额（亿元）	258.56	367.22
技术输入合同成交额与地区生产总值之比（%）	1.91	2.39
科创板上市企业数（家）	6	16
国家级科技企业孵化器、大学科技园、双创示范基地数（个）	94	101
国家级科技企业孵化器、大学科技园新增在孵企业数（家）	968	957
科技型中小企业数（家）	3128	2983
规上工业企业新产品销售收入与营业收入之比（%）	34.55	37.07
高新技术企业营业收入与规上工业企业之比（%）	72.39	84.12
城乡居民人均可支配收入之比	1.84	1.82
单位地区生产总值能耗（吨标准煤/万元）	0.31	0.31
PM2.5 年平均浓度（微克/立方米）	40	38
实际使用外资额（万美元）	682658	612818
人均实际使用外资额（美元/人）	696.16	591.52
居民人均可支配收入（万元/人）	6.12	6.61

宁波市（1）

指标名称	2018 年	2019 年
财政科技支出（亿元）	78.26	124.16
财政科技支出占公共财政支出比重（%）	4.91	7.02
常住人口（万人）	820.20	854.20
常住人口增长率（%）	2.46	4.15
普通高校在校学生数（万人）	14.98	15.65
万人普通高校在校学生数（人/万人）	183	183
专利申请量（件）	72244	66904
万人专利申请量（件/万人）	88.08	78.32
人均地区生产总值（万元/人）	13.10	14.03
全社会研发经费支出（亿元）	276.17	323.95
全社会研发经费支出与地区生产总值之比（%）	2.57	2.70
基础研究经费占研发经费比重（%）	1.36	1.49
万名就业人员中研发人员（人年/万人）	175.17	178.00
中央级普通高校数（个）	1	1
国家级科技成果奖数（项当量）	6.58	11.85
规上工业企业研发经费支出（亿元）	239.62	263.10
规上工业企业研发经费支出与营业收入之比（%）	1.42	1.46
高新技术企业数（家）	1734	2131
国家高新区营业收入（亿元）	3937.86	4618.29

宁波市（2）

指标名称	2018年	2019年
国家高新区营业收入与地区生产总值之比（%）	36.65	38.53
发明专利拥有量（件）	23910	26870
万人发明专利拥有量（件/万人）	29.15	31.46
技术输出合同成交额（亿元）	70.75	87.76
技术输出合同成交额与地区生产总值之比（%）	0.66	0.73
技术输入合同成交额（亿元）	92.55	171.62
技术输入合同成交额与地区生产总值之比（%）	0.86	1.43
科创板上市企业数（家）	2	3
国家级科技企业孵化器、大学科技园、双创示范基地数（个）	36	39
国家级科技企业孵化器、大学科技园新增在孵企业数（家）	341	467
科技型中小企业数（家）	1951	2088
规上工业企业新产品销售收入与营业收入之比（%）	30.61	32.39
高新技术企业营业收入与规上工业企业之比（%）	30.58	34.34
城乡居民人均可支配收入之比	1.79	1.77
单位地区生产总值能耗（吨标准煤/万元）	0.41	0.38
PM2.5年平均浓度（微克/立方米）	33	29
实际使用外资额（万美元）	432017	236341
人均实际使用外资额（美元/人）	526.72	276.68
居民人均可支配收入（万元/人）	6.01	6.49

嘉兴市（1）

指标名称	2018 年	2019 年
财政科技支出（亿元）	23.87	33.04
财政科技支出占公共财政支出比重（%）	4.05	4.31
常住人口（万人）	472.60	480.00
常住人口增长率（%）	1.50	1.57
普通高校在校学生数（万人）	7.07	7.24
万人普通高校在校学生数（人/万人）	150	151
专利申请量（件）	50314	37685
万人专利申请量（件/万人）	106.46	78.51
人均地区生产总值（万元/人）	10.31	11.19
全社会研发经费支出（亿元）	138.93	164.66
全社会研发经费支出与地区生产总值之比（%）	2.85	3.07
基础研究经费占研发经费比重（%）	0.17	0.63
万名就业人员中研发人员（人年/万人）	128.17	139.72
中央级普通高校数（个）	0	0
国家级科技成果奖数（项当量）	2.04	4.86
规上工业企业研发经费支出（亿元）	138.93	153.01
规上工业企业研发经费支出与营业收入之比（%）	1.43	1.43
高新技术企业数（家）	1249	1733
国家高新区营业收入（亿元）	731.41	826.43

嘉兴市（2）

指标名称	2018 年	2019 年
国家高新区营业收入与地区生产总值之比（%）	15.01	15.39
发明专利拥有量（件）	8562	15607
万人发明专利拥有量（件/万人）	18.12	32.51
技术输出合同成交额（亿元）	21.38	94.67
技术输出合同成交额与地区生产总值之比（%）	0.44	1.76
技术输入合同成交额（亿元）	51.54	110.11
技术输入合同成交额与地区生产总值之比（%）	1.06	2.05
科创板上市企业数（家）	0	3
国家级科技企业孵化器、大学科技园、双创示范基地数（个）	20	22
国家级科技企业孵化器、大学科技园新增在孵企业数（家）	250	219
科技型中小企业数（家）	900	754
规上工业企业新产品销售收入与营业收入之比（%）	39.63	39.20
高新技术企业营业收入与规上工业企业之比（%）	39.04	39.04
城乡居民人均可支配收入之比	1.68	1.66
单位地区生产总值能耗（吨标准煤/万元）	0.43	0.40
PM2.5 年平均浓度（微克/立方米）	39	35
实际使用外资额（万美元）	313980	412541
人均实际使用外资额（美元/人）	664.37	859.46
居民人均可支配收入（万元/人）	5.74	6.19

湖州市（1）

指标名称	2018年	2019年
财政科技支出（亿元）	15.78	18.71
财政科技支出占公共财政支出比重（%）	3.97	4.01
常住人口（万人）	302.70	306.00
常住人口增长率（%）	1.07	1.09
普通高校在校学生数（万人）	2.69	2.88
万人普通高校在校学生数（人/万人）	89	94
专利申请量（件）	38659	23429
万人专利申请量（件/万人）	127.71	76.57
人均地区生产总值（万元/人）	8.98	10.20
全社会研发经费支出（亿元）	76.14	87.01
全社会研发经费支出与地区生产总值之比（%）	2.80	2.79
基础研究经费占研发经费比重（%）	0.16	0.27
万名就业人员中研发人员（人年/万人）	69.80	139.52
中央级普通高校数（个）	0	0
国家级科技成果奖数（项当量）	0	1.04
规上工业企业研发经费支出（亿元）	74.51	80.98
规上工业企业研发经费支出与营业收入之比（%）	1.69	1.69
高新技术企业数（家）	756	936
国家高新区营业收入（亿元）	567.09	623.21

湖州市（2）

指标名称	2018年	2019年
国家高新区营业收入与地区生产总值之比（%）	20.86	19.96
发明专利拥有量（件）	9592	10752
万人发明专利拥有量（件/万人）	31.69	35.14
技术输出合同成交额（亿元）	42.38	52.14
技术输出合同成交额与地区生产总值之比（%）	1.56	1.67
技术输入合同成交额（亿元）	28.47	56.38
技术输入合同成交额与地区生产总值之比（%）	1.05	1.81
科创板上市企业数（家）	2	3
国家级科技企业孵化器、大学科技园、双创示范基地数（个）	14	15
国家级科技企业孵化器、大学科技园新增在孵企业数（家）	143	139
科技型中小企业数（家）	502	528
规上工业企业新产品销售收入与营业收入之比（%）	35.14	34.82
高新技术企业营业收入与规上工业企业之比（%）	41.56	41.56
城乡居民人均可支配收入之比	1.71	1.70
单位地区生产总值能耗（吨标准煤/万元）	0.30	0.45
PM2.5年平均浓度（微克/立方米）	36	32
实际使用外资额（万美元）	127143	189881
人均实际使用外资额（美元/人）	420.03	620.53
居民人均可支配收入（万元/人）	5.44	5.90

绍兴市（1）

指标名称	2018年	2019年
财政科技支出（亿元）	31.57	46.89
财政科技支出占公共财政支出比重（%）	5.67	7.32
常住人口（万人）	503.50	505.70
常住人口增长率（%）	0.50	0.44
普通高校在校学生数（万人）	9.93	10.42
万人普通高校在校学生数（人/万人）	197	206
专利申请量（件）	43598	35507
万人专利申请量（件/万人）	86.59	70.21
人均地区生产总值（万元/人）	10.76	11.43
全社会研发经费支出（亿元）	128.10	152.98
全社会研发经费支出与地区生产总值之比（%）	2.36	2.65
基础研究经费占研发经费比重（%）	0.29	0.22
万名就业人员中研发人员（人年/万人）	89.21	143.28
中央级普通高校数（个）	0	0
国家级科技成果奖数（项当量）	0	10.69
规上工业企业研发经费支出（亿元）	128.10	143.96
规上工业企业研发经费支出与营业收入之比（%）	2.05	2.05
高新技术企业数（家）	957	1336
国家高新区营业收入（亿元）	767.00	835.07

绍兴市（2）

指标名称	2018 年	2019 年
国家高新区营业收入与地区生产总值之比（%）	14.16	14.45
发明专利拥有量（件）	9224	10959
万人发明专利拥有量（件/万人）	18.32	21.67
技术输出合同成交额（亿元）	20.87	40.79
技术输出合同成交额与地区生产总值之比（%）	0.39	0.71
技术输入合同成交额（亿元）	45.82	40.06
技术输入合同成交额与地区生产总值之比（%）	0.85	0.69
科创板上市企业数（家）	0	0
国家级科技企业孵化器、大学科技园、双创示范基地数（个）	4	3
国家级科技企业孵化器、大学科技园新增在孵企业数（家）	46	37
科技型中小企业数（家）	452	279
规上工业企业新产品销售收入与营业收入之比（%）	37.30	33.76
高新技术企业营业收入与规上工业企业之比（%）	35.30	35.30
城乡居民人均可支配收入之比	1.78	1.77
单位地区生产总值能耗（吨标准煤/万元）	0.45	0.43
PM2.5 年平均浓度（微克/立方米）	42	36
实际使用外资额（万美元）	135141	65739
人均实际使用外资额（美元/人）	268.40	130.00
居民人均可支配收入（万元/人）	5.90	6.39

金华市（1）

指标名称	2018 年	2019 年
财政科技支出（亿元）	21.14	24.79
财政科技支出占公共财政支出比重（%）	3.68	3.73
常住人口（万人）	560.40	562.40
常住人口增长率（%）	0.72	0.36
普通高校在校学生数（万人）	7.75	8.13
万人普通高校在校学生数（人/万人）	138	145
专利申请量（件）	38468	42669
万人专利申请量（件/万人）	68.64	75.87
人均地区生产总值（万元/人）	7.32	8.11
全社会研发经费支出（亿元）	71.04	84.14
全社会研发经费支出与地区生产总值之比（%）	1.73	1.85
基础研究经费占研发经费比重（%）	1.69	1.73
万名就业人员中研发人员（人年/万人）	48.99	113.79
中央级普通高校数（个）	0	0
国家级科技成果奖数（项当量）	2.30	6.90
规上工业企业研发经费支出（亿元）	65.43	74.65
规上工业企业研发经费支出与营业收入之比（%）	1.77	1.77
高新技术企业数（家）	668	977
国家高新区营业收入（亿元）	0	0

金华市（2）

指标名称	2018年	2019年
国家高新区营业收入与地区生产总值之比（%）	0	0
发明专利拥有量（件）	5703	6875
万人发明专利拥有量（件/万人）	10.18	12.22
技术输出合同成交额（亿元）	14.26	94.99
技术输出合同成交额与地区生产总值之比（%）	0.35	2.08
技术输入合同成交额（亿元）	29.25	81.37
技术输入合同成交额与地区生产总值之比（%）	0.71	1.78
科创板上市企业数（家）	0	0
国家级科技企业孵化器、大学科技园、双创示范基地数（个）	3	4
国家级科技企业孵化器、大学科技园新增在孵企业数（家）	62	73
科技型中小企业数（家）	376	256
规上工业企业新产品销售收入与营业收入之比（%）	33.17	31.82
高新技术企业营业收入与规上工业企业之比（%）	36.01	36.01
城乡居民人均可支配收入之比	2.09	2.08
单位地区生产总值能耗（吨标准煤/万元）	0.42	0.39
PM2.5年平均浓度（微克/立方米）	34	31
实际使用外资额（万美元）	31854	21657
人均实际使用外资额（美元/人）	56.84	38.51
居民人均可支配收入（万元/人）	5.49	5.93

福州市（1）

指标名称	2018年	2019年
财政科技支出（亿元）	29.08	28.79
财政科技支出占公共财政支出比重（%）	3.14	3.03
常住人口（万人）	774.00	780.00
常住人口增长率（%）	1.04	0.78
普通高校在校学生数（万人）	31.99	34.03
万人普通高校在校学生数（人/万人）	413	436
专利申请量（件）	36496	29307
万人专利申请量（件/万人）	47.15	37.57
人均地区生产总值（万元/人）	10.15	12.04
全社会研发经费支出（亿元）	180.66	201.70
全社会研发经费支出与地区生产总值之比（%）	2.30	2.15
基础研究经费占研发经费比重（%）	8.73	9.20
万名就业人员中研发人员（人年/万人）	75.89	75.68
中央级普通高校数（个）	0	0
国家级科技成果奖数（项当量）	2.77	21.81
规上工业企业研发经费支出（亿元）	115.97	126.12
规上工业企业研发经费支出与营业收入之比（%）	1.29	1.26
高新技术企业数（家）	1025	1407
国家高新区营业收入（亿元）	1202.20	1242.24

福州市（2）

指标名称	2018 年	2019 年
国家高新区营业收入与地区生产总值之比（%）	15.30	13.23
发明专利拥有量（件）	12712	15224
万人发明专利拥有量（件/万人）	16.42	19.52
技术输出合同成交额（亿元）	34.04	48.00
技术输出合同成交额与地区生产总值之比（%）	0.43	0.51
技术输入合同成交额（亿元）	90.69	155.33
技术输入合同成交额与地区生产总值之比（%）	1.15	1.65
科创板上市企业数（家）	1	3
国家级科技企业孵化器、大学科技园、双创示范基地数（个）	13	16
国家级科技企业孵化器、大学科技园新增在孵企业数（家）	88	124
科技型中小企业数（家）	701	1008
规上工业企业新产品销售收入与营业收入之比（%）	12.68	12.43
高新技术企业营业收入与规上工业企业之比（%）	19.14	19.81
城乡居民人均可支配收入之比	2.29	2.25
单位地区生产总值能耗（吨标准煤/万元）	0.44	0.40
PM2.5 年平均浓度（微克/立方米）	25	24
实际使用外资额（万美元）	101849	94116
人均实际使用外资额（美元/人）	131.59	120.66
居民人均可支配收入（万元/人）	4.45	4.79

厦门市（1）

指标名称	2018年	2019年
财政科技支出（亿元）	28.56	38.43
财政科技支出占公共财政支出比重（%）	3.20	4.21
常住人口（万人）	411.00	429.00
常住人口增长率（%）	2.49	4.38
普通高校在校学生数（万人）	16.25	15.66
万人普通高校在校学生数（人/万人）	395	365
专利申请量（件）	33020	33739
万人专利申请量（件/万人）	80.34	78.65
人均地区生产总值（万元/人）	11.66	13.97
全社会研发经费支出（亿元）	155.15	177.66
全社会研发经费支出与地区生产总值之比（%）	3.24	2.96
基础研究经费占研发经费比重（%）	4.78	10.52
万名就业人员中研发人员（人年/万人）	108.73	153.53
中央级普通高校数（个）	1	1
国家级科技成果奖数（项当量）	16.06	31.23
规上工业企业研发经费支出（亿元）	117.50	119.68
规上工业企业研发经费支出与营业收入之比（%）	1.92	1.79
高新技术企业数（家）	1611	1911
国家高新区营业收入（亿元）	3242.40	3600.80

厦门市（2）

指标名称	2018 年	2019 年
国家高新区营业收入与地区生产总值之比（%）	67.67	60.06
发明专利拥有量（件）	11320	13646
万人发明专利拥有量（件/万人）	27.54	31.81
技术输出合同成交额（亿元）	47.29	88.72
技术输出合同成交额与地区生产总值之比（%）	0.99	1.48
技术输入合同成交额（亿元）	94.10	99.33
技术输入合同成交额与地区生产总值之比（%）	1.96	1.66
科创板上市企业数（家）	1	3
国家级科技企业孵化器、大学科技园、双创示范基地数（个）	40	42
国家级科技企业孵化器、大学科技园新增在孵企业数（家）	236	245
科技型中小企业数（家）	1614	1143
规上工业企业新产品销售收入与营业收入之比（%）	30.18	30.18
高新技术企业营业收入与规上工业企业之比（%）	35.55	36.24
城乡居民人均可支配收入之比	2.43	2.38
单位地区生产总值能耗（吨标准煤/万元）	0.38	0.34
PM2.5 年平均浓度（微克/立方米）	25	24
实际使用外资额（万美元）	172500	197995
人均实际使用外资额（美元/人）	419.71	461.53
居民人均可支配收入（万元/人）	5.44	5.90

泉州市（1）

指标名称	2018年	2019年
财政科技支出（亿元）	14.69	15.74
财政科技支出占公共财政支出比重（%）	2.32	2.39
常住人口（万人）	870.00	874.00
常住人口增长率（%）	0.58	0.46
普通高校在校学生数（万人）	13.03	15.44
万人普通高校在校学生数（人/万人）	150	177
专利申请量（件）	64538	49442
万人专利申请量（件/万人）	74.18	56.57
人均地区生产总值（万元/人）	9.73	11.38
全社会研发经费支出（亿元）	94.77	120.98
全社会研发经费支出与地区生产总值之比（%）	1.12	1.22
基础研究经费占研发经费比重（%）	0.41	0.36
万名就业人员中研发人员（人年/万人）	34.85	43.17
中央级普通高校数（个）	1	1
国家级科技成果奖数（项当量）	0	0
规上工业企业研发经费支出（亿元）	88.33	111.61
规上工业企业研发经费支出与营业收入之比（%）	0.58	0.64
高新技术企业数（家）	499	681
国家高新区营业收入（亿元）	810.95	776.62

泉州市（2）

指标名称	2018年	2019年
国家高新区营业收入与地区生产总值之比（%）	9.58	7.81
发明专利拥有量（件）	8652	8240
万人发明专利拥有量（件/万人）	9.94	9.43
技术输出合同成交额（亿元）	0.99	1.24
技术输出合同成交额与地区生产总值之比（%）	0.01	0.01
技术输入合同成交额（亿元）	58.00	26.37
技术输入合同成交额与地区生产总值之比（%）	0.68	0.27
科创板上市企业数（家）	0	0
国家级科技企业孵化器、大学科技园、双创示范基地数（个）	9	11
国家级科技企业孵化器、大学科技园新增在孵企业数（家）	11	29
科技型中小企业数（家）	269	564
规上工业企业新产品销售收入与营业收入之比（%）	7.00	6.73
高新技术企业营业收入与规上工业企业之比（%）	4.86	4.86
城乡居民人均可支配收入之比	2.27	2.24
单位地区生产总值能耗（吨标准煤/万元）	0.48	0.43
PM2.5年平均浓度（微克/立方米）	27	24
实际使用外资额（万美元）	59584	63966
人均实际使用外资额（美元/人）	68.49	73.19
居民人均可支配收入（万元/人）	4.61	4.96

龙岩市（1）

指标名称	2018年	2019年
财政科技支出（亿元）	8.98	13.39
财政科技支出占公共财政支出比重（%）	2.98	4.15
常住人口（万人）	264.00	264.12
常住人口增长率（%）	0.00	0.05
普通高校在校学生数（万人）	1.85	2.16
万人普通高校在校学生数（人/万人）	70	82
专利申请量（件）	8749	8604
万人专利申请量（件/万人）	33.14	32.58
人均地区生产总值（万元/人）	9.07	10.14
全社会研发经费支出（亿元）	40.50	51.20
全社会研发经费支出与地区生产总值之比（%）	1.69	1.91
基础研究经费占研发经费比重（%）	0.12	0.22
万名就业人员中研发人员（人年/万人）	36.71	41.48
中央级普通高校数（个）	0	0
国家级科技成果奖数（项当量）	0	2.06
规上工业企业研发经费支出（亿元）	39.19	49.57
规上工业企业研发经费支出与营业收入之比（%）	1.51	1.64
高新技术企业数（家）	138	188
国家高新区营业收入（亿元）	358.82	333.26

龙岩市（2）

指标名称	2018年	2019年
国家高新区营业收入与地区生产总值之比（%）	14.99	12.44
发明专利拥有量（件）	1081	1244
万人发明专利拥有量（件/万人）	4.09	4.71
技术输出合同成交额（亿元）	0.30	0.31
技术输出合同成交额与地区生产总值之比（%）	0.01	0.01
技术输入合同成交额（亿元）	7.64	3.21
技术输入合同成交额与地区生产总值之比（%）	0.32	0.12
科创板上市企业数（家）	2	2
国家级科技企业孵化器、大学科技园、双创示范基地数（个）	1	1
国家级科技企业孵化器、大学科技园新增在孵企业数（家）	16	13
科技型中小企业数（家）	140	239
规上工业企业新产品销售收入与营业收入之比（%）	10.22	9.61
高新技术企业营业收入与规上工业企业之比（%）	15.44	13.90
城乡居民人均可支配收入之比	2.08	2.06
单位地区生产总值能耗（吨标准煤/万元）	0.56	0.50
PM2.5年平均浓度（微克/立方米）	23	22
实际使用外资额（万美元）	4482	4781
人均实际使用外资额（美元/人）	16.98	18.10
居民人均可支配收入（万元/人）	3.58	3.88

济南市（1）

指标名称	2018年	2019年
财政科技支出（亿元）	21.04	43.18
财政科技支出占公共财政支出比重（%）	2.07	3.61
常住人口（万人）	746.04	890.87
常住人口增长率（%）	1.90	0.78
普通高校在校学生数（万人）	56.84	54.11
万人普通高校在校学生数（人/万人）	762	607
专利申请量（件）	37164	46476
万人专利申请量（件/万人）	49.82	52.17
人均地区生产总值（万元/人）	10.53	10.60
全社会研发经费支出（亿元）	208.60	225.53
全社会研发经费支出与地区生产总值之比（%）	2.66	2.39
基础研究经费占研发经费比重（%）	6.91	6.76
万名就业人员中研发人员（人年/万人）	94.05	98.01
中央级普通高校数（个）	1	1
国家级科技成果奖数（项当量）	35.83	39.92
规上工业企业研发经费支出（亿元）	131.78	129.91
规上工业企业研发经费支出与营业收入之比（%）	2.55	1.99
高新技术企业数（家）	1526	2212
国家高新区营业收入（亿元）	5125.81	5735.61

济南市（2）

指标名称	2018年	2019年
国家高新区营业收入与地区生产总值之比（%）	65.24	60.74
发明专利拥有量（件）	21179	25438
万人发明专利拥有量（件/万人）	28.39	28.55
技术输出合同成交额（亿元）	130.70	282.62
技术输出合同成交额与地区生产总值之比（%）	1.66	2.99
技术输入合同成交额（亿元）	183.76	321.85
技术输入合同成交额与地区生产总值之比（%）	2.34	3.41
科创板上市企业数（家）	1	5
国家级科技企业孵化器、大学科技园、双创示范基地数（个）	46	48
国家级科技企业孵化器、大学科技园新增在孵企业数（家）	232	285
科技型中小企业数（家）	737	1060
规上工业企业新产品销售收入与营业收入之比（%）	24.38	31.91
高新技术企业营业收入与规上工业企业之比（%）	86.61	87.16
城乡居民人均可支配收入之比	2.80	2.67
单位地区生产总值能耗（吨标准煤/万元）	0.46	0.42
PM2.5年平均浓度（微克/立方米）	55	55
实际使用外资额（万美元）	269218	224249
人均实际使用外资额（美元/人）	360.86	251.72
居民人均可支配收入（万元/人）	5.01	5.19

青岛市（1）

指标名称	2018 年	2019 年
财政科技支出（亿元）	45.15	66.84
财政科技支出占公共财政支出比重（%）	2.89	4.24
常住人口（万人）	939.48	949.98
常住人口增长率（%）	1.12	1.12
普通高校在校学生数（万人）	39.80	41.58
万人普通高校在校学生数（人/万人）	424	438
专利申请量（件）	62279	66890
万人专利申请量（件/万人）	66.29	70.41
人均地区生产总值（万元/人）	12.77	12.36
全社会研发经费支出（亿元）	282.20	294.62
全社会研发经费支出与地区生产总值之比（%）	2.35	2.51
基础研究经费占研发经费比重（%）	6.99	5.34
万名就业人员中研发人员（人年/万人）	134.76	102.42
中央级普通高校数（个）	2	2
国家级科技成果奖数（项当量）	40.11	75.47
规上工业企业研发经费支出（亿元）	203.22	202.35
规上工业企业研发经费支出与营业收入之比（%）	1.93	2.19
高新技术企业数（家）	3080	3805
国家高新区营业收入（亿元）	3170.74	3597.77

青岛市（2）

指标名称	2018年	2019年
国家高新区营业收入与地区生产总值之比（%）	26.42	30.64
发明专利拥有量（件）	26270	31932
万人发明专利拥有量（件/万人）	27.96	33.61
技术输出合同成交额（亿元）	145.13	153.11
技术输出合同成交额与地区生产总值之比（%）	1.21	1.30
技术输入合同成交额（亿元）	156.88	199.67
技术输入合同成交额与地区生产总值之比（%）	1.31	1.70
科创板上市企业数（家）	1	4
国家级科技企业孵化器、大学科技园、双创示范基地数（个）	99	101
国家级科技企业孵化器、大学科技园新增在孵企业数（家）	319	332
科技型中小企业数（家）	1812	2498
规上工业企业新产品销售收入与营业收入之比（%）	24.78	23.14
高新技术企业营业收入与规上工业企业之比（%）	43.28	58.93
城乡居民人均可支配收入之比	2.44	2.41
单位地区生产总值能耗（吨标准煤/万元）	0.48	0.45
PM2.5年平均浓度（微克/立方米）	35	37
实际使用外资额（万美元）	580374	584193
人均实际使用外资额（美元/人）	617.76	614.95
居民人均可支配收入（万元/人）	5.08	5.45

东营市（1）

指标名称	2018年	2019年
财政科技支出（亿元）	4.75	5.75
财政科技支出占公共财政支出比重（%）	1.55	1.88
常住人口（万人）	217.21	217.97
常住人口增长率（%）	0.81	0.35
普通高校在校学生数（万人）	3.12	3.36
万人普通高校在校学生数（人/万人）	144	154
专利申请量（件）	6782	7212
万人专利申请量（件/万人）	31.22	33.09
人均地区生产总值（万元/人）	19.12	13.38
全社会研发经费支出（亿元）	68.19	68.38
全社会研发经费支出与地区生产总值之比（%）	1.64	2.34
基础研究经费占研发经费比重（%）	1.34	14.67
万名就业人员中研发人员（人年/万人）	72.83	62.66
中央级普通高校数（个）	0	0
国家级科技成果奖数（项当量）	0	24.40
规上工业企业研发经费支出（亿元）	61.15	60.47
规上工业企业研发经费支出与营业收入之比（%）	0.87	0.77
高新技术企业数（家）	204	261
国家高新区营业收入（亿元）	252.19	465.83

东营市（2）

指标名称	2018 年	2019 年
国家高新区营业收入与地区生产总值之比（%）	6.07	15.97
发明专利拥有量（件）	1781	2140
万人发明专利拥有量（件/万人）	8.20	9.82
技术输出合同成交额（亿元）	47.56	56.44
技术输出合同成交额与地区生产总值之比（%）	1.15	1.94
技术输入合同成交额（亿元）	56.76	54.37
技术输入合同成交额与地区生产总值之比（%）	1.37	1.86
科创板上市企业数（家）	0	0
国家级科技企业孵化器、大学科技园、双创示范基地数（个）	8	8
国家级科技企业孵化器、大学科技园新增在孵企业数（家）	111	172
科技型中小企业数（家）	161	221
规上工业企业新产品销售收入与营业收入之比（%）	15.37	6.88
高新技术企业营业收入与规上工业企业之比（%）	12.83	13.76
城乡居民人均可支配收入之比	2.74	2.69
单位地区生产总值能耗（吨标准煤/万元）	0.57	0.56
PM2.5 年平均浓度（微克/立方米）	49	48
实际使用外资额（万美元）	15773	24385
人均实际使用外资额（美元/人）	72.62	111.87
居民人均可支配收入（万元/人）	4.79	5.11

烟台市（1）

指标名称	2018年	2019年
财政科技支出（亿元）	28.99	29.86
财政科技支出占公共财政支出比重（%）	3.83	3.85
常住人口（万人）	712.18	713.80
常住人口增长率（%）	0.46	0.23
普通高校在校学生数（万人）	23.47	23.12
万人普通高校在校学生数（人/万人）	330	324
专利申请量（件）	13735	15931
万人专利申请量（件/万人）	19.29	22.32
人均地区生产总值（万元/人）	11.00	10.72
全社会研发经费支出（亿元）	187.05	126.62
全社会研发经费支出与地区生产总值之比（%）	2.39	1.65
基础研究经费占研发经费比重（%）	1.10	1.87
万名就业人员中研发人员（人年/万人）	64.72	47.62
中央级普通高校数（个）	0	0
国家级科技成果奖数（项当量）	0.43	8.17
规上工业企业研发经费支出（亿元）	177.25	109.24
规上工业企业研发经费支出与营业收入之比（%）	1.80	1.40
高新技术企业数（家）	629	818
国家高新区营业收入（亿元）	897.01	789.45

烟台市（2）

指标名称	2018年	2019年
国家高新区营业收入与地区生产总值之比（%）	11.45	10.31
发明专利拥有量（件）	6389	7164
万人发明专利拥有量（件/万人）	8.97	10.04
技术输出合同成交额（亿元）	80.97	108.27
技术输出合同成交额与地区生产总值之比（%）	1.03	1.41
技术输入合同成交额（亿元）	61.89	69.79
技术输入合同成交额与地区生产总值之比（%）	0.79	0.91
科创板上市企业数（家）	1	1
国家级科技企业孵化器、大学科技园、双创示范基地数（个）	19	20
国家级科技企业孵化器、大学科技园新增在孵企业数（家）	269	252
科技型中小企业数（家）	958	1547
规上工业企业新产品销售收入与营业收入之比（%）	19.95	17.79
高新技术企业营业收入与规上工业企业之比（%）	17.84	28.44
城乡居民人均可支配收入之比	2.31	2.26
单位地区生产总值能耗（吨标准煤/万元）	0.48	0.47
PM2.5年平均浓度（微克/立方米）	30	35
实际使用外资额（万美元）	266368	194054
人均实际使用外资额（美元/人）	374.02	271.86
居民人均可支配收入（万元/人）	4.49	4.80

潍坊市（1）

指标名称	2018年	2019年
财政科技支出（亿元）	20.10	21.67
财政科技支出占公共财政支出比重（%）	2.74	2.79
常住人口（万人）	937.30	935.15
常住人口增长率（%）	0.11	-0.23
普通高校在校学生数（万人）	18.47	20.51
万人普通高校在校学生数（人/万人）	197	219
专利申请量（件）	22807	25294
万人专利申请量（件/万人）	24.33	27.05
人均地区生产总值（万元/人）	6.57	6.08
全社会研发经费支出（亿元）	122.02	119.22
全社会研发经费支出与地区生产总值之比（%）	1.98	2.10
基础研究经费占研发经费比重（%）	0.85	0.53
万名就业人员中研发人员（人年/万人）	42.81	35.28
中央级普通高校数（个）	0	0
国家级科技成果奖数（项当量）	0	7.51
规上工业企业研发经费支出（亿元）	116.92	113.53
规上工业企业研发经费支出与营业收入之比（%）	1.35	1.34
高新技术企业数（家）	702	796
国家高新区营业收入（亿元）	3683.56	4179.85

潍坊市（2）

指标名称	2018年	2019年
国家高新区营业收入与地区生产总值之比（%）	59.83	73.48
发明专利拥有量（件）	6297	7555
万人发明专利拥有量（件/万人）	6.72	8.08
技术输出合同成交额（亿元）	67.67	72.98
技术输出合同成交额与地区生产总值之比（%）	1.10	1.28
技术输入合同成交额（亿元）	85.67	90.60
技术输入合同成交额与地区生产总值之比（%）	1.39	1.59
科创板上市企业数（家）	0	0
国家级科技企业孵化器、大学科技园、双创示范基地数（个）	14	16
国家级科技企业孵化器、大学科技园新增在孵企业数（家）	106	140
科技型中小企业数（家）	524	681
规上工业企业新产品销售收入与营业收入之比（%）	16.72	17.89
高新技术企业营业收入与规上工业企业之比（%）	32.18	35.58
城乡居民人均可支配收入之比	2.09	2.05
单位地区生产总值能耗（吨标准煤/万元）	0.71	0.75
PM2.5年平均浓度（微克/立方米）	53	54
实际使用外资额（万美元）	131917	69940
人均实际使用外资额（美元/人）	140.74	74.79
居民人均可支配收入（万元/人）	3.90	4.17

济宁市（1）

指标名称	2018年	2019年
财政科技支出（亿元）	7.49	8.69
财政科技支出占公共财政支出比重（%）	1.21	1.30
常住人口（万人）	834.59	835.60
常住人口增长率（%）	-0.36	0.12
普通高校在校学生数（万人）	11.49	11.67
万人普通高校在校学生数（人/万人）	138	140
专利申请量（件）	13920	13990
万人专利申请量（件/万人）	16.68	16.74
人均地区生产总值（万元/人）	5.91	5.23
全社会研发经费支出（亿元）	92.77	54.26
全社会研发经费支出与地区生产总值之比（%）	1.88	1.24
基础研究经费占研发经费比重（%）	2.10	3.05
万名就业人员中研发人员（人年/万人）	34.93	25.67
中央级普通高校数（个）	0	0
国家级科技成果奖数（项当量）	0	9.11
规上工业企业研发经费支出（亿元）	87.76	46.84
规上工业企业研发经费支出与营业收入之比（%）	1.49	1.25
高新技术企业数（家）	394	499
国家高新区营业收入（亿元）	2606.31	2793.11

济宁市（2）

指标名称	2018年	2019年
国家高新区营业收入与地区生产总值之比（%）	52.86	63.91
发明专利拥有量（件）	2435	2715
万人发明专利拥有量（件/万人）	2.92	3.25
技术输出合同成交额（亿元）	43.26	51.33
技术输出合同成交额与地区生产总值之比（%）	0.88	1.17
技术输入合同成交额（亿元）	47.09	70.86
技术输入合同成交额与地区生产总值之比（%）	0.96	1.62
科创板上市企业数（家）	0	1
国家级科技企业孵化器、大学科技园、双创示范基地数（个）	20	21
国家级科技企业孵化器、大学科技园新增在孵企业数（家）	102	132
科技型中小企业数（家）	366	400
规上工业企业新产品销售收入与营业收入之比（%）	10.39	18.23
高新技术企业营业收入与规上工业企业之比（%）	13.00	22.14
城乡居民人均可支配收入之比	2.17	2.10
单位地区生产总值能耗（吨标准煤/万元）	0.62	0.63
PM2.5年平均浓度（微克/立方米）	50	54
实际使用外资额（万美元）	22181	45156
人均实际使用外资额（美元/人）	26.58	54.04
居民人均可支配收入（万元/人）	3.48	3.71

广州市（1）

指标名称	2018 年	2019 年
财政科技支出（亿元）	163.67	243.95
财政科技支出占公共财政支出比重（%）	6.53	8.51
常住人口（万人）	1490.44	1530.59
常住人口增长率（%）	2.80	2.69
普通高校在校学生数（万人）	108.64	115.30
万人普通高校在校学生数（人/万人）	729	753
专利申请量（件）	174930	173796
万人专利申请量（件/万人）	117.37	113.55
人均地区生产总值（万元/人）	15.34	15.44
全社会研发经费支出（亿元）	600.17	677.74
全社会研发经费支出与地区生产总值之比（%）	2.63	2.87
基础研究经费占研发经费比重（%）	12.23	13.68
万名就业人员中研发人员（人年/万人）	186.57	133.76
中央级普通高校数（个）	5	5
国家级科技成果奖数（项当量）	69.42	119.20
规上工业企业研发经费支出（亿元）	267.27	286.24
规上工业企业研发经费支出与营业收入之比（%）	1.46	1.41
高新技术企业数（家）	11642	11897
国家高新区营业收入（亿元）	10540.78	11724.57

广州市（2）

指标名称	2018 年	2019 年
国家高新区营业收入与地区生产总值之比（%）	46.11	49.62
发明专利拥有量（件）	48380	58496
万人发明专利拥有量（件/万人）	32.46	38.22
技术输出合同成交额（亿元）	703.69	1224.80
技术输出合同成交额与地区生产总值之比（%）	3.08	5.18
技术输入合同成交额（亿元）	444.27	895.53
技术输入合同成交额与地区生产总值之比（%）	1.94	3.79
科创板上市企业数（家）	5	10
国家级科技企业孵化器、大学科技园、双创示范基地数（个）	75	84
国家级科技企业孵化器、大学科技园新增在孵企业数（家）	537	661
科技型中小企业数（家）	8318	9267
规上工业企业新产品销售收入与营业收入之比（%）	26.42	27.87
高新技术企业营业收入与规上工业企业之比（%）	73.71	76.92
城乡居民人均可支配收入之比	2.31	2.25
单位地区生产总值能耗（吨标准煤/万元）	0.27	0.37
PM2.5 年平均浓度（微克/立方米）	35	30
实际使用外资额（万美元）	661108	714349
人均实际使用外资额（美元/人）	443.57	466.71
居民人均可支配收入（万元/人）	6.00	6.51

深圳市（1）

指标名称	2018年	2019年
财政科技支出（亿元）	554.98	548.42
财政科技支出占公共财政支出比重（%）	12.96	12.05
常住人口（万人）	1302.66	1343.88
常住人口增长率（%）	3.98	3.16
普通高校在校学生数（万人）	10.38	11.32
万人普通高校在校学生数（人/万人）	80	84
专利申请量（件）	236013	254305
万人专利申请量（件/万人）	181.18	189.23
人均地区生产总值（万元/人）	18.59	20.04
全社会研发经费支出（亿元）	1161.93	1328.28
全社会研发经费支出与地区生产总值之比（%）	4.80	4.93
基础研究经费占研发经费比重（%）	1.73	1.82
万名就业人员中研发人员（人年/万人）	273.21	262.69
中央级普通高校数（个）	0	0
国家级科技成果奖数（项当量）	42.56	63.81
规上工业企业研发经费支出（亿元）	966.75	1049.92
规上工业企业研发经费支出与营业收入之比（%）	2.91	2.88
高新技术企业数（家）	14123	16652
国家高新区营业收入（亿元）	13155.55	17039.33

深圳市（2）

指标名称	2018 年	2019 年
国家高新区营业收入与地区生产总值之比（%）	54.31	63.28
发明专利拥有量（件）	119023	138665
万人发明专利拥有量（件/万人）	91.37	103.18
技术输出合同成交额（亿元）	576.67	724.74
技术输出合同成交额与地区生产总值之比（%）	2.38	2.69
技术输入合同成交额（亿元）	922.82	1506.40
技术输入合同成交额与地区生产总值之比（%）	3.81	5.59
科创板上市企业数（家）	10	27
国家级科技企业孵化器、大学科技园、双创示范基地数（个）	117	123
国家级科技企业孵化器、大学科技园新增在孵企业数（家）	504	619
科技型中小企业数（家）	8210	8808
规上工业企业新产品销售收入与营业收入之比（%）	36.33	39.08
高新技术企业营业收入与规上工业企业之比（%）	79.70	82.10
城乡居民人均可支配收入之比	1.00	1.00
单位地区生产总值能耗（吨标准煤/万元）	0.04	0.34
PM2.5 年平均浓度（微克/立方米）	26	24
实际使用外资额（万美元）	820301	780944
人均实际使用外资额（美元/人）	629.71	581.11
居民人均可支配收入（万元/人）	5.75	6.25

佛山市（1）

指标名称	2018年	2019年
财政科技支出（亿元）	54.68	98.16
财政科技支出占公共财政支出比重（%）	6.78	10.43
常住人口（万人）	790.57	815.86
常住人口增长率（%）	3.25	3.20
普通高校在校学生数（万人）	12.36	12.87
万人普通高校在校学生数（人/万人）	156	158
专利申请量（件）	93855	78412
万人专利申请量（件/万人）	118.72	96.11
人均地区生产总值（万元/人）	12.57	13.18
全社会研发经费支出（亿元）	254.77	287.41
全社会研发经费支出与地区生产总值之比（%）	2.56	2.67
基础研究经费占研发经费比重（%）	0.31	0.30
万名就业人员中研发人员（人年/万人）	169.12	131.71
中央级普通高校数（个）	0	0
国家级科技成果奖数（项当量）	0	2.35
规上工业企业研发经费支出（亿元）	235.17	259.71
规上工业企业研发经费支出与营业收入之比（%）	1.13	1.13
高新技术企业数（家）	3901	4790
国家高新区营业收入（亿元）	4287.18	4451.48

佛山市（2）

指标名称	2018年	2019年
国家高新区营业收入与地区生产总值之比（%）	43.15	41.41
发明专利拥有量（件）	19480	23024
万人发明专利拥有量（件/万人）	24.64	28.22
技术输出合同成交额（亿元）	7.33	15.60
技术输出合同成交额与地区生产总值之比（%）	0.07	0.15
技术输入合同成交额（亿元）	41.49	59.59
技术输入合同成交额与地区生产总值之比（%）	0.42	0.55
科创板上市企业数（家）	1	3
国家级科技企业孵化器、大学科技园、双创示范基地数（个）	38	42
国家级科技企业孵化器、大学科技园新增在孵企业数（家）	356	364
科技型中小企业数（家）	1587	1353
规上工业企业新产品销售收入与营业收入之比（%）	19.46	19.56
高新技术企业营业收入与规上工业企业之比（%）	30.15	29.69
城乡居民人均可支配收入之比	1.76	1.75
单位地区生产总值能耗（吨标准煤/万元）	0.17	0.38
PM2.5年平均浓度（微克/立方米）	35	30
实际使用外资额（万美元）	457288	73292
人均实际使用外资额（美元/人）	578.43	89.83
居民人均可支配收入（万元/人）	5.07	5.52

东莞市（1）

指标名称	2018 年	2019 年
财政科技支出（亿元）	39.34	25.36
财政科技支出占公共财政支出比重（%）	5.14	2.94
常住人口（万人）	839.22	846.45
常住人口增长率（%）	0.60	0.86
普通高校在校学生数（万人）	12.14	12.44
万人普通高校在校学生数（人/万人）	145	147
专利申请量（件）	4127	4792
万人专利申请量（件/万人）	4.92	5.66
人均地区生产总值（万元/人）	9.86	11.20
全社会研发经费支出（亿元）	236.32	289.96
全社会研发经费支出与地区生产总值之比（%）	2.85	3.06
基础研究经费占研发经费比重（%）	0.65	0.83
万名就业人员中研发人员（人年/万人）	91.31	139.38
中央级普通高校数（个）	0	0
国家级科技成果奖数（项当量）	5.04	2.28
规上工业企业研发经费支出（亿元）	221.24	260.57
规上工业企业研发经费支出与营业收入之比（%）	1.14	1.20
高新技术企业数（家）	5711	6051
国家高新区营业收入（亿元）	4574.80	5684.43

东莞市（2）

指标名称	2018 年	2019 年
国家高新区营业收入与地区生产总值之比（%）	55.26	59.95
发明专利拥有量（件）	23527	30227
万人发明专利拥有量（件/万人）	28.03	35.71
技术输出合同成交额（亿元）	10.56	196.04
技术输出合同成交额与地区生产总值之比（%）	0.13	2.07
技术输入合同成交额（亿元）	189.75	422.68
技术输入合同成交额与地区生产总值之比（%）	2.29	4.46
科创板上市企业数（家）	1	6
国家级科技企业孵化器、大学科技园、双创示范基地数（个）	33	42
国家级科技企业孵化器、大学科技园新增在孵企业数（家）	262	428
科技型中小企业数（家）	2600	1950
规上工业企业新产品销售收入与营业收入之比（%）	46.29	42.23
高新技术企业营业收入与规上工业企业之比（%）	52.42	53.58
城乡居民人均可支配收入之比	1.57	1.54
单位地区生产总值能耗（吨标准煤/万元）	0.18	0.41
PM2.5 年平均浓度（微克/立方米）	36	32
实际使用外资额（万美元）	127247	129092
人均实际使用外资额（美元/人）	151.63	152.51
居民人均可支配收入（万元/人）	5.07	5.52

海口市（1）

指标名称	2018 年	2019 年
财政科技支出（亿元）	2.50	2.37
财政科技支出占公共财政支出比重（%）	1.05	0.89
常住人口（万人）	230.23	232.79
常住人口增长率（%）	1.33	1.11
普通高校在校学生数（万人）	15.15	13.89
万人普通高校在校学生数（人/万人）	658	597
专利申请量（件）	5032	7158
万人专利申请量（件/万人）	21.86	30.75
人均地区生产总值（万元/人）	6.56	7.18
全社会研发经费支出（亿元）	14.33	14.65
全社会研发经费支出与地区生产总值之比（%）	0.95	0.88
基础研究经费占研发经费比重（%）	16.75	19.78
万名就业人员中研发人员（人年/万人）	33.85	35.24
中央级普通高校数（个）	0	0
国家级科技成果奖数（项当量）	0.46	4.95
规上工业企业研发经费支出（亿元）	9.36	8.88
规上工业企业研发经费支出与营业收入之比（%）	1.66	1.54
高新技术企业数（家）	274	412
国家高新区营业收入（亿元）	469.59	443.78

海口市（2）

指标名称	2018年	2019年
国家高新区营业收入与地区生产总值之比（%）	31.09	26.54
发明专利拥有量（件）	1980	2334
万人发明专利拥有量（件/万人）	8.60	10.03
技术输出合同成交额（亿元）	6.30	5.59
技术输出合同成交额与地区生产总值之比（%）	0.42	0.33
技术输入合同成交额（亿元）	26.53	42.74
技术输入合同成交额与地区生产总值之比（%）	1.76	2.56
科创板上市企业数（家）	0	1
国家级科技企业孵化器、大学科技园、双创示范基地数（个）	8	6
国家级科技企业孵化器、大学科技园新增在孵企业数（家）	43	25
科技型中小企业数（家）	200	180
规上工业企业新产品销售收入与营业收入之比（%）	16.61	14.43
高新技术企业营业收入与规上工业企业之比（%）	69.61	73.61
城乡居民人均可支配收入之比	2.43	2.42
单位地区生产总值能耗（吨标准煤/万元）	0.35	0.33
PM2.5年平均浓度（微克/立方米）	18	17
实际使用外资额（万美元）	25360	67154
人均实际使用外资额（美元/人）	110.15	288.47
居民人均可支配收入（万元/人）	3.61	3.90

沈阳市（1）

指标名称	2018 年	2019 年
财政科技支出（亿元）	18.11	19.90
财政科技支出占公共财政支出比重（%）	1.88	1.90
常住人口（万人）	831.60	832.20
常住人口增长率（%）	0.27	0.07
普通高校在校学生数（万人）	39.12	42.42
万人普通高校在校学生数（人/万人）	470	510
专利申请量（件）	23941	24921
万人专利申请量（件/万人）	28.79	29.95
人均地区生产总值（万元/人）	7.57	7.77
全社会研发经费支出（亿元）	168.64	170.69
全社会研发经费支出与地区生产总值之比（%）	2.68	2.64
基础研究经费占研发经费比重（%）	4.76	4.90
万名就业人员中研发人员（人年/万人）	84.63	73.29
中央级普通高校数（个）	1	1
国家级科技成果奖数（项当量）	27.81	60.29
规上工业企业研发经费支出（亿元）	61.58	68.87
规上工业企业研发经费支出与营业收入之比（%）	1.17	1.17
高新技术企业数（家）	1222	1814
国家高新区营业收入（亿元）	1309.41	1411.65

沈阳市（2）

指标名称	2018 年	2019 年
国家高新区营业收入与地区生产总值之比（%）	20.81	21.82
发明专利拥有量（件）	15038	17219
万人发明专利拥有量（件/万人）	18.08	20.69
技术输出合同成交额（亿元）	255.16	284.91
技术输出合同成交额与地区生产总值之比（%）	4.06	4.40
技术输入合同成交额（亿元）	112.34	140.26
技术输入合同成交额与地区生产总值之比（%）	1.79	2.17
科创板上市企业数（家）	1	1
国家级科技企业孵化器、大学科技园、双创示范基地数（个）	39	38
国家级科技企业孵化器、大学科技园新增在孵企业数（家）	291	357
科技型中小企业数（家）	996	1171
规上工业企业新产品销售收入与营业收入之比（%）	27.63	19.06
高新技术企业营业收入与规上工业企业之比（%）	38.32	40.62
城乡居民人均可支配收入之比	2.67	2.58
单位地区生产总值能耗（吨标准煤/万元）	0.14	0.39
PM2.5 年平均浓度（微克/立方米）	41	43
实际使用外资额（万美元）	143097	165054
人均实际使用外资额（美元/人）	172.07	198.33
居民人均可支配收入（万元/人）	4.41	4.68

大连市（1）

指标名称	2018 年	2019 年
财政科技支出（亿元）	35.66	27.49
财政科技支出占公共财政支出比重（%）	3.56	2.71
常住人口（万人）	700.00	700.40
常住人口增长率（%）	0.17	0.06
普通高校在校学生数（万人）	27.99	29.06
万人普通高校在校学生数（人/万人）	400	415
专利申请量（件）	21866	20640
万人专利申请量（件/万人）	31.24	29.47
人均地区生产总值（万元/人）	10.95	10.00
全社会研发经费支出（亿元）	166.68	199.73
全社会研发经费支出与地区生产总值之比（%）	2.17	2.85
基础研究经费占研发经费比重（%）	9.01	9.34
万名就业人员中研发人员（人年/万人）	75.08	113.02
中央级普通高校数（个）	3	3
国家级科技成果奖数（项当量）	21.61	45.94
规上工业企业研发经费支出（亿元）	115.14	114.66
规上工业企业研发经费支出与营业收入之比（%）	1.87	1.59
高新技术企业数（家）	1186	1727
国家高新区营业收入（亿元）	2257.12	2581.59

大连市（2）

指标名称	2018年	2019年
国家高新区营业收入与地区生产总值之比（%）	29.43	36.87
发明专利拥有量（件）	13009	14897
万人发明专利拥有量（件/万人）	18.58	21.27
技术输出合同成交额（亿元）	151.46	197.25
技术输出合同成交额与地区生产总值之比（%）	1.98	2.82
技术输入合同成交额（亿元）	72.50	111.87
技术输入合同成交额与地区生产总值之比（%）	0.95	1.60
科创板上市企业数（家）	0	2
国家级科技企业孵化器、大学科技园、双创示范基地数（个）	44	42
国家级科技企业孵化器、大学科技园新增在孵企业数（家）	206	285
科技型中小企业数（家）	1305	1616
规上工业企业新产品销售收入与营业收入之比（%）	17.33	16.17
高新技术企业营业收入与规上工业企业之比（%）	41.64	36.75
城乡居民人均可支配收入之比	2.41	2.33
单位地区生产总值能耗（吨标准煤/万元）	0.23	0.38
PM2.5年平均浓度（微克/立方米）	30	35
实际使用外资额（万美元）	267846	64617
人均实际使用外资额（美元/人）	382.64	92.26
居民人均可支配收入（万元/人）	4.36	4.65

长春市（1）

指标名称	2018年	2019年
财政科技支出（亿元）	12.17	11.29
财政科技支出占公共财政支出比重（%）	1.36	1.26
常住人口（万人）	751.29	753.80
常住人口增长率（%）	0.32	0.33
普通高校在校学生数（万人）	44.72	46.89
万人普通高校在校学生数（人/万人）	595	622
专利申请量（件）	20278	22728
万人专利申请量（件/万人）	26.99	30.15
人均地区生产总值（万元/人）	9.55	7.83
全社会研发经费支出（亿元）	90.78	120.75
全社会研发经费支出与地区生产总值之比（%）	1.27	2.05
基础研究经费占研发经费比重（%）	15.96	14.31
万名就业人员中研发人员（人年/万人）	58.22	69.52
中央级普通高校数（个）	2	2
国家级科技成果奖数（项当量）	10.32	106.25
规上工业企业研发经费支出（亿元）	39.03	48.84
规上工业企业研发经费支出与营业收入之比（%）	0.43	0.51
高新技术企业数（家）	651	1317
国家高新区营业收入（亿元）	6270.20	5638.90

长春市（2）

指标名称	2018 年	2019 年
国家高新区营业收入与地区生产总值之比（%）	87.38	95.51
发明专利拥有量（件）	10100	11564
万人发明专利拥有量（件/万人）	13.44	15.34
技术输出合同成交额（亿元）	332.71	464.54
技术输出合同成交额与地区生产总值之比（%）	4.64	7.87
技术输入合同成交额（亿元）	344.35	399.54
技术输入合同成交额与地区生产总值之比（%）	4.80	6.77
科创板上市企业数（家）	0	2
国家级科技企业孵化器、大学科技园、双创示范基地数（个）	29	31
国家级科技企业孵化器、大学科技园新增在孵企业数（家）	208	310
科技型中小企业数（家）	605	446
规上工业企业新产品销售收入与营业收入之比（%）	11.26	21.87
高新技术企业营业收入与规上工业企业之比（%）	18.60	20.59
城乡居民人均可支配收入之比	2.19	2.16
单位地区生产总值能耗（吨标准煤/万元）	0.28	0.32
PM2.5 年平均浓度（微克/立方米）	33	38
实际使用外资额（万美元）	27340	33000
人均实际使用外资额（美元/人）	36.39	43.78
居民人均可支配收入（万元/人）	3.12	3.34

吉林市（1）

指标名称	2018 年	2019 年
财政科技支出（亿元）	2.01	1.76
财政科技支出占公共财政支出比重（%）	0.49	0.42
常住人口（万人）	413.52	411.61
常住人口增长率（%）	-0.44	-0.46
普通高校在校学生数（万人）	10.48	11.28
万人普通高校在校学生数（人/万人）	253	274
专利申请量（件）	2719	2676
万人专利申请量（件/万人）	6.58	6.50
人均地区生产总值（万元/人）	5.34	3.44
全社会研发经费支出（亿元）	14.47	13.85
全社会研发经费支出与地区生产总值之比（%）	0.65	0.98
基础研究经费占研发经费比重（%）	6.32	8.07
万名就业人员中研发人员（人年/万人）	22.73	24.15
中央级普通高校数（个）	0	0
国家级科技成果奖数（项当量）	0	1.58
规上工业企业研发经费支出（亿元）	10.84	8.97
规上工业企业研发经费支出与营业收入之比（%）	0.67	0.57
高新技术企业数（家）	92	146
国家高新区营业收入（亿元）	909.22	803.24

吉林市（2）

指标名称	2018年	2019年
国家高新区营业收入与地区生产总值之比（%）	41.14	56.70
发明专利拥有量（件）	1161	1291
万人发明专利拥有量（件/万人）	2.81	3.14
技术输出合同成交额（亿元）	4.35	4.70
技术输出合同成交额与地区生产总值之比（%）	0.20	0.33
技术输入合同成交额（亿元）	13.19	12.03
技术输入合同成交额与地区生产总值之比（%）	0.60	0.85
科创板上市企业数（家）	0	0
国家级科技企业孵化器、大学科技园、双创示范基地数（个）	5	6
国家级科技企业孵化器、大学科技园新增在孵企业数（家）	57	73
科技型中小企业数（家）	99	41
规上工业企业新产品销售收入与营业收入之比（%）	9.79	10.51
高新技术企业营业收入与规上工业企业之比（%）	22.10	25.92
城乡居民人均可支配收入之比	2.05	2.03
单位地区生产总值能耗（吨标准煤/万元）	0.90	0.71
PM2.5年平均浓度（微克/立方米）	37	38
实际使用外资额（万美元）	915	3612
人均实际使用外资额（美元/人）	2.21	8.78
居民人均可支配收入（万元/人）	2.85	3.01

哈尔滨市（1）

指标名称	2018 年	2019 年
财政科技支出（亿元）	11.98	15.63
财政科技支出占公共财政支出比重（%）	1.24	1.42
常住人口（万人）	1085.80	1076.30
常住人口增长率（%）	−0.65	−0.87
普通高校在校学生数（万人）	50.42	58.19
万人普通高校在校学生数（人/万人）	464	541
专利申请量（件）	22869	23551
万人专利申请量（件/万人）	21.06	21.88
人均地区生产总值（万元/人）	5.80	4.88
全社会研发经费支出（亿元）	86.07	92.94
全社会研发经费支出与地区生产总值之比（%）	1.37	1.77
基础研究经费占研发经费比重（%）	26.09	26.25
万名就业人员中研发人员（人年/万人）	62.54	63.78
中央级普通高校数（个）	3	3
国家级科技成果奖数（项当量）	37.34	69.04
规上工业企业研发经费支出（亿元）	23.31	27.51
规上工业企业研发经费支出与营业收入之比（%）	0.89	1.14
高新技术企业数（家）	769	793
国家高新区营业收入（亿元）	1740.40	1751.60

哈尔滨市（2）

指标名称	2018 年	2019 年
国家高新区营业收入与地区生产总值之比（%）	27.62	33.37
发明专利拥有量（件）	18512	20373
万人发明专利拥有量（件/万人）	17.05	18.93
技术输出合同成交额（亿元）	151.51	203.55
技术输出合同成交额与地区生产总值之比（%）	2.40	3.88
技术输入合同成交额（亿元）	88.25	76.06
技术输入合同成交额与地区生产总值之比（%）	1.40	1.45
科创板上市企业数（家）	1	1
国家级科技企业孵化器、大学科技园、双创示范基地数（个）	37	37
国家级科技企业孵化器、大学科技园新增在孵企业数（家）	296	347
科技型中小企业数（家）	1010	1184
规上工业企业新产品销售收入与营业收入之比（%）	9.76	13.79
高新技术企业营业收入与规上工业企业之比（%）	47.92	61.06
城乡居民人均可支配收入之比	2.23	2.19
单位地区生产总值能耗（吨标准煤/万元）	0.64	0.56
PM2.5 年平均浓度（微克/立方米）	39	42
实际使用外资额（万美元）	365309	33953
人均实际使用外资额（美元/人）	336.44	31.55
居民人均可支配收入（万元/人）	3.78	4.00

太原市（1）

指标名称	2018 年	2019 年
财政科技支出（亿元）	25.04	23.20
财政科技支出占公共财政支出比重（%）	4.62	3.80
常住人口（万人）	442.15	446.19
常住人口增长率（%）	0.95	0.91
普通高校在校学生数（万人）	44.41	50.33
万人普通高校在校学生数（人/万人）	1004	1128
专利申请量（件）	12314	14134
万人专利申请量（件/万人）	27.85	31.68
人均地区生产总值（万元/人）	8.79	9.00
全社会研发经费支出（亿元）	89.50	84.20
全社会研发经费支出与地区生产总值之比（%）	2.30	2.10
基础研究经费占研发经费比重（%）	7.86	9.26
万名就业人员中研发人员（人年/万人）	95.12	102.51
中央级普通高校数（个）	0	0
国家级科技成果奖数（项当量）	4.20	2.43
规上工业企业研发经费支出（亿元）	66.56	62.47
规上工业企业研发经费支出与营业收入之比（%）	2.16	1.67
高新技术企业数（家）	962	1607
国家高新区营业收入（亿元）	2536.15	3009.05

太原市（2）

指标名称	2018年	2019年
国家高新区营业收入与地区生产总值之比（%）	65.29	74.92
发明专利拥有量（件）	8318	9438
万人发明专利拥有量（件/万人）	18.81	21.15
技术输出合同成交额（亿元）	86.18	80.50
技术输出合同成交额与地区生产总值之比（%）	2.22	2.00
技术输入合同成交额（亿元）	135.26	237.60
技术输入合同成交额与地区生产总值之比（%）	3.48	5.92
科创板上市企业数（家）	0	0
国家级科技企业孵化器、大学科技园、双创示范基地数（个）	29	27
国家级科技企业孵化器、大学科技园新增在孵企业数（家）	125	160
科技型中小企业数（家）	1920	3573
规上工业企业新产品销售收入与营业收入之比（%）	25.45	21.44
高新技术企业营业收入与规上工业企业之比（%）	80.30	78.89
城乡居民人均可支配收入之比	2.00	1.98
单位地区生产总值能耗（吨标准煤/万元）	0.75	0.75
PM2.5年平均浓度（微克/立方米）	59	56
实际使用外资额（万美元）	863	9717
人均实际使用外资额（美元/人）	1.95	21.78
居民人均可支配收入（万元/人）	3.37	3.64

合肥市（1）

指标名称	2018 年	2019 年
财政科技支出（亿元）	91.97	130.32
财政科技支出占公共财政支出比重（%）	9.15	11.61
常住人口（万人）	808.74	818.90
常住人口增长率（%）	1.54	1.26
普通高校在校学生数（万人）	49.71	53.62
万人普通高校在校学生数（人/万人）	615	655
专利申请量（件）	70597	58527
万人专利申请量（件/万人）	87.29	71.47
人均地区生产总值（万元/人）	9.67	11.49
全社会研发经费支出（亿元）	256.65	291.76
全社会研发经费支出与地区生产总值之比（%）	3.28	3.10
基础研究经费占研发经费比重（%）	13.58	11.34
万名就业人员中研发人员（人年/万人）	96.40	121.89
中央级普通高校数（个）	2	2
国家级科技成果奖数（项当量）	37.73	47.41
规上工业企业研发经费支出（亿元）	152.96	173.50
规上工业企业研发经费支出与营业收入之比（%）	2.16	2.30
高新技术企业数（家）	2101	2531
国家高新区营业收入（亿元）	5008.28	6222.11

合肥市（2）

指标名称	2018年	2019年
国家高新区营业收入与地区生产总值之比（%）	64.02	66.13
发明专利拥有量（件）	21619	26350
万人发明专利拥有量（件/万人）	26.73	32.18
技术输出合同成交额（亿元）	191.85	219.42
技术输出合同成交额与地区生产总值之比（%）	2.45	2.33
技术输入合同成交额（亿元）	165.57	252.56
技术输入合同成交额与地区生产总值之比（%）	2.12	2.68
科创板上市企业数（家）	0	12
国家级科技企业孵化器、大学科技园、双创示范基地数（个）	34	38
国家级科技企业孵化器、大学科技园新增在孵企业数（家）	363	367
科技型中小企业数（家）	1437	1576
规上工业企业新产品销售收入与营业收入之比（%）	43.78	42.79
高新技术企业营业收入与规上工业企业之比（%）	65.91	72.84
城乡居民人均可支配收入之比	2.03	2.02
单位地区生产总值能耗（吨标准煤/万元）	0.29	0.26
PM2.5年平均浓度（微克/立方米）	48	44
实际使用外资额（万美元）	323000	339150
人均实际使用外资额（美元/人）	399.39	414.15
居民人均可支配收入（万元/人）	4.15	4.54

芜湖市（1）

指标名称	2018年	2019年
财政科技支出（亿元）	59.82	51.15
财政科技支出占公共财政支出比重（%）	13.09	10.18
常住人口（万人）	374.82	377.80
常住人口增长率（%）	1.41	0.80
普通高校在校学生数（万人）	13.37	14.04
万人普通高校在校学生数（人/万人）	357	372
专利申请量（件）	40343	17709
万人专利申请量（件/万人）	107.63	46.87
人均地区生产总值（万元/人）	8.75	9.58
全社会研发经费支出（亿元）	98.49	111.56
全社会研发经费支出与地区生产总值之比（%）	3.00	3.08
基础研究经费占研发经费比重（%）	1.08	0.98
万名就业人员中研发人员（人年/万人）	68.55	107.91
中央级普通高校数（个）	0	0
国家级科技成果奖数（项当量）	4.57	0
规上工业企业研发经费支出（亿元）	91.22	102.66
规上工业企业研发经费支出与营业收入之比（%）	1.94	2.23
高新技术企业数（家）	689	839
国家高新区营业收入（亿元）	1353.64	1409.19

芜湖市（2）

指标名称	2018 年	2019 年
国家高新区营业收入与地区生产总值之比（%）	41.29	38.95
发明专利拥有量（件）	11806	13256
万人发明专利拥有量（件/万人）	31.50	35.09
技术输出合同成交额（亿元）	64.40	110.75
技术输出合同成交额与地区生产总值之比（%）	1.96	3.06
技术输入合同成交额（亿元）	57.96	124.23
技术输入合同成交额与地区生产总值之比（%）	1.77	3.43
科创板上市企业数（家）	0	1
国家级科技企业孵化器、大学科技园、双创示范基地数（个）	8	9
国家级科技企业孵化器、大学科技园新增在孵企业数（家）	56	80
科技型中小企业数（家）	575	833
规上工业企业新产品销售收入与营业收入之比（%）	30.98	33.35
高新技术企业营业收入与规上工业企业之比（%）	44.48	50.07
城乡居民人均可支配收入之比	1.86	1.85
单位地区生产总值能耗（吨标准煤/万元）	0.37	0.33
PM2.5 年平均浓度（微克/立方米）	50	44
实际使用外资额（万美元）	291642	292000
人均实际使用外资额（美元/人）	778.09	772.90
居民人均可支配收入（万元/人）	3.84	4.21

马鞍山市（1）

指标名称	2018年	2019年
财政科技支出（亿元）	11.61	10.88
财政科技支出占公共财政支出比重（%）	5.13	4.29
常住人口（万人）	233.71	236.10
常住人口增长率（%）	1.52	1.02
普通高校在校学生数（万人）	5.61	6.18
万人普通高校在校学生数（人/万人）	240	262
专利申请量（件）	11409	10479
万人专利申请量（件/万人）	48.82	44.38
人均地区生产总值（万元/人）	8.21	8.94
全社会研发经费支出（亿元）	48.75	60.62
全社会研发经费支出与地区生产总值之比（%）	2.54	2.87
基础研究经费占研发经费比重（%）	0.47	0.64
万名就业人员中研发人员（人年/万人）	67.06	75.28
中央级普通高校数（个）	0	0
国家级科技成果奖数（项当量）	0	0
规上工业企业研发经费支出（亿元）	44.30	51.84
规上工业企业研发经费支出与营业收入之比（%）	1.60	1.84
高新技术企业数（家）	392	470
国家高新区营业收入（亿元）	1145.99	1321.88

马鞍山市（2）

指标名称	2018 年	2019 年
国家高新区营业收入与地区生产总值之比（%）	59.75	62.62
发明专利拥有量（件）	4559	5565
万人发明专利拥有量（件/万人）	19.51	23.57
技术输出合同成交额（亿元）	12.52	19.39
技术输出合同成交额与地区生产总值之比（%）	0.65	0.92
技术输入合同成交额（亿元）	11.83	12.77
技术输入合同成交额与地区生产总值之比（%）	0.62	0.61
科创板上市企业数（家）	0	0
国家级科技企业孵化器、大学科技园、双创示范基地数（个）	4	5
国家级科技企业孵化器、大学科技园新增在孵企业数（家）	91	74
科技型中小企业数（家）	432	345
规上工业企业新产品销售收入与营业收入之比（%）	20.40	19.24
高新技术企业营业收入与规上工业企业之比（%）	30.25	33.15
城乡居民人均可支配收入之比	2.12	2.09
单位地区生产总值能耗（吨标准煤/万元）	1.03	0.94
PM2.5 年平均浓度（微克/立方米）	45	43
实际使用外资额（万美元）	248490	265883
人均实际使用外资额（美元/人）	1063.24	1126.15
居民人均可支配收入（万元/人）	4.51	4.90

南昌市（1）

指标名称	2018 年	2019 年
财政科技支出（亿元）	27.38	33.98
财政科技支出占公共财政支出比重（%）	3.64	4.07
常住人口（万人）	554.55	560.06
常住人口增长率（%）	1.50	0.99
普通高校在校学生数（万人）	61.06	63.05
万人普通高校在校学生数（人/万人）	1101	1126
专利申请量（件）	23006	21538
万人专利申请量（件/万人）	41.49	38.46
人均地区生产总值（万元/人）	9.51	9.99
全社会研发经费支出（亿元）	89.65	101.24
全社会研发经费支出与地区生产总值之比（%）	1.70	1.81
基础研究经费占研发经费比重（%）	7.51	7.87
万名就业人员中研发人员（人年/万人）	116.19	150.62
中央级普通高校数（个）	0	0
国家级科技成果奖数（项当量）	0.70	29.24
规上工业企业研发经费支出（亿元）	82.64	70.26
规上工业企业研发经费支出与营业收入之比（%）	1.29	1.02
高新技术企业数（家）	1038	1423
国家高新区营业收入（亿元）	3153.47	3560.16

南昌市（2）

指标名称	2018年	2019年
国家高新区营业收入与地区生产总值之比（%）	59.79	63.62
发明专利拥有量（件）	4996	5790
万人发明专利拥有量（件/万人）	9.01	10.34
技术输出合同成交额（亿元）	48.31	56.81
技术输出合同成交额与地区生产总值之比（%）	0.92	1.02
技术输入合同成交额（亿元）	121.55	172.69
技术输入合同成交额与地区生产总值之比（%）	2.30	3.09
科创板上市企业数（家）	0	1
国家级科技企业孵化器、大学科技园、双创示范基地数（个）	34	36
国家级科技企业孵化器、大学科技园新增在孵企业数（家）	210	292
科技型中小企业数（家）	563	1101
规上工业企业新产品销售收入与营业收入之比（%）	21.39	21.04
高新技术企业营业收入与规上工业企业之比（%）	53.76	56.60
城乡居民人均可支配收入之比	2.29	2.26
单位地区生产总值能耗（吨标准煤/万元）	0.30	0.29
PM2.5年平均浓度（微克/立方米）	30	35
实际使用外资额（万美元）	348899	377156
人均实际使用外资额（美元/人）	629.15	673.42
居民人均可支配收入（万元/人）	4.08	4.41

景德镇市（1）

指标名称	2018 年	2019 年
财政科技支出（亿元）	2.67	4.64
财政科技支出占公共财政支出比重（%）	1.31	1.97
常住人口（万人）	167.32	168.05
常住人口增长率（%）	0.50	0.44
普通高校在校学生数（万人）	1.82	3.39
万人普通高校在校学生数（人/万人）	109	202
专利申请量（件）	2682	2930
万人专利申请量（件/万人）	16.03	17.44
人均地区生产总值（万元/人）	5.06	5.51
全社会研发经费支出（亿元）	18.63	20.37
全社会研发经费支出与地区生产总值之比（%）	2.20	2.20
基础研究经费占研发经费比重（%）	0.79	1.47
万名就业人员中研发人员（人年/万人）	84.06	119.11
中央级普通高校数（个）	0	0
国家级科技成果奖数（项当量）	0	0
规上工业企业研发经费支出（亿元）	28.64	13.75
规上工业企业研发经费支出与营业收入之比（%）	3.48	1.63
高新技术企业数（家）	86	143
国家高新区营业收入（亿元）	885.87	917.12

景德镇市（2）

指标名称	2018 年	2019 年
国家高新区营业收入与地区生产总值之比（%）	104.64	99.03
发明专利拥有量（件）	611	780
万人发明专利拥有量（件/万人）	3.65	4.64
技术输出合同成交额（亿元）	4.84	6.55
技术输出合同成交额与地区生产总值之比（%）	0.57	0.71
技术输入合同成交额（亿元）	10.26	11.50
技术输入合同成交额与地区生产总值之比（%）	1.21	1.24
科创板上市企业数（家）	0	0
国家级科技企业孵化器、大学科技园、双创示范基地数（个）	4	5
国家级科技企业孵化器、大学科技园新增在孵企业数（家）	8	0
科技型中小企业数（家）	92	128
规上工业企业新产品销售收入与营业收入之比（%）	46.33	28.97
高新技术企业营业收入与规上工业企业之比（%）	49.73	51.59
城乡居民人均可支配收入之比	2.25	2.23
单位地区生产总值能耗（吨标准煤/万元）	0.50	0.47
PM2.5 年平均浓度（微克/立方米）	31	27
实际使用外资额（万美元）	22309	23675
人均实际使用外资额（美元/人）	133.33	140.88
居民人均可支配收入（万元/人）	3.72	4.01

萍乡市（1）

指标名称	2018年	2019年
财政科技支出（亿元）	6.53	7.18
财政科技支出占公共财政支出比重（%）	2.66	2.60
常住人口（万人）	193.32	194.13
常住人口增长率（%）	0.42	0.42
普通高校在校学生数（万人）	2.81	3.21
万人普通高校在校学生数（人/万人）	146	165
专利申请量（件）	4101	2828
万人专利申请量（件/万人）	21.21	14.57
人均地区生产总值（万元/人）	5.22	4.79
全社会研发经费支出（亿元）	11.46	13.98
全社会研发经费支出与地区生产总值之比（%）	1.14	1.50
基础研究经费占研发经费比重（%）	0.89	1.00
万名就业人员中研发人员（人年/万人）	21.43	28.29
中央级普通高校数（个）	0	0
国家级科技成果奖数（项当量）	1.02	0
规上工业企业研发经费支出（亿元）	4.80	13.25
规上工业企业研发经费支出与营业收入之比（%）	0.48	1.23
高新技术企业数（家）	126	168
国家高新区营业收入（亿元）	0	0

萍乡市（2）

指标名称	2018年	2019年
国家高新区营业收入与地区生产总值之比（%）	0	0
发明专利拥有量（件）	373	480
万人发明专利拥有量（件/万人）	1.93	2.47
技术输出合同成交额（亿元）	6.46	10.04
技术输出合同成交额与地区生产总值之比（%）	0.64	1.08
技术输入合同成交额（亿元）	2.93	4.22
技术输入合同成交额与地区生产总值之比（%）	0.29	0.45
科创板上市企业数（家）	0	0
国家级科技企业孵化器、大学科技园、双创示范基地数（个）	1	1
国家级科技企业孵化器、大学科技园新增在孵企业数（家）	0	0
科技型中小企业数（家）	127	150
规上工业企业新产品销售收入与营业收入之比（%）	3.19	15.61
高新技术企业营业收入与规上工业企业之比（%）	7.45	11.49
城乡居民人均可支配收入之比	1.99	1.97
单位地区生产总值能耗（吨标准煤/万元）	0.72	0.82
PM2.5年平均浓度（微克/立方米）	43	40
实际使用外资额（万美元）	40111	42602
人均实际使用外资额（美元/人）	207.49	219.45
居民人均可支配收入（万元/人）	3.58	3.85

郑州市（1）

指标名称	2018 年	2019 年
财政科技支出（亿元）	36.17	63.36
财政科技支出占公共财政支出比重（%）	2.05	3.32
常住人口（万人）	1013.60	1035.20
常住人口增长率（%）	2.58	2.13
普通高校在校学生数（万人）	99.35	107.87
万人普通高校在校学生数（人/万人）	980	1042
专利申请量（件）	67733	58222
万人专利申请量（件/万人）	66.82	56.24
人均地区生产总值（万元/人）	10.01	11.20
全社会研发经费支出（亿元）	185.30	236.74
全社会研发经费支出与地区生产总值之比（%）	1.83	2.04
基础研究经费占研发经费比重（%）	2.22	3.63
万名就业人员中研发人员（人年/万人）	80.73	105.15
中央级普通高校数（个）	1	1
国家级科技成果奖数（项当量）	22.90	19.43
规上工业企业研发经费支出（亿元）	117.46	135.80
规上工业企业研发经费支出与营业收入之比（%）	1.32	1.52
高新技术企业数（家）	1241	1917
国家高新区营业收入（亿元）	2453.72	2940.95

郑州市（2）

指标名称	2018年	2019年
国家高新区营业收入与地区生产总值之比（%）	24.19	25.38
发明专利拥有量（件）	12471	14289
万人发明专利拥有量（件/万人）	12.30	13.80
技术输出合同成交额（亿元）	82.35	127.58
技术输出合同成交额与地区生产总值之比（%）	0.81	1.10
技术输入合同成交额（亿元）	199.09	159.26
技术输入合同成交额与地区生产总值之比（%）	1.96	1.37
科创板上市企业数（家）	0	0
国家级科技企业孵化器、大学科技园、双创示范基地数（个）	30	37
国家级科技企业孵化器、大学科技园新增在孵企业数（家）	394	400
科技型中小企业数（家）	1813	3777
规上工业企业新产品销售收入与营业收入之比（%）	45.80	32.11
高新技术企业营业收入与规上工业企业之比（%）	28.73	33.07
城乡居民人均可支配收入之比	1.80	1.79
单位地区生产总值能耗（吨标准煤/万元）	0.23	0.39
PM2.5年平均浓度（微克/立方米）	63	58
实际使用外资额（万美元）	421080	440542
人均实际使用外资额（美元/人）	415.43	425.56
居民人均可支配收入（万元/人）	3.90	4.21

洛阳市（1）

指标名称	2018 年	2019 年
财政科技支出（亿元）	19.01	25.98
财政科技支出占公共财政支出比重（%）	3.18	4.01
常住人口（万人）	688.85	692.20
常住人口增长率（%）	0.97	0.49
普通高校在校学生数（万人）	12.63	13.39
万人普通高校在校学生数（人/万人）	183	193
专利申请量（件）	13642	13157
万人专利申请量（件/万人）	19.80	19.01
人均地区生产总值（万元/人）	6.74	7.27
全社会研发经费支出（亿元）	99.36	119.23
全社会研发经费支出与地区生产总值之比（%）	2.14	2.37
基础研究经费占研发经费比重（%）	2.19	2.14
万名就业人员中研发人员（人年/万人）	53.14	60.87
中央级普通高校数（个）	0	0
国家级科技成果奖数（项当量）	6.41	2.80
规上工业企业研发经费支出（亿元）	62.68	79.31
规上工业企业研发经费支出与营业收入之比（%）	1.19	1.59
高新技术企业数（家）	465	631
国家高新区营业收入（亿元）	1856.32	2012.54

洛阳市（2）

指标名称	2018年	2019年
国家高新区营业收入与地区生产总值之比（%）	40.00	39.97
发明专利拥有量（件）	6914	7322
万人发明专利拥有量（件/万人）	10.04	10.58
技术输出合同成交额（亿元）	36.78	48.15
技术输出合同成交额与地区生产总值之比（%）	0.79	0.96
技术输入合同成交额（亿元）	62.46	36.17
技术输入合同成交额与地区生产总值之比（%）	1.35	0.72
科创板上市企业数（家）	1	1
国家级科技企业孵化器、大学科技园、双创示范基地数（个）	14	16
国家级科技企业孵化器、大学科技园新增在孵企业数（家）	266	282
科技型中小企业数（家）	896	1649
规上工业企业新产品销售收入与营业收入之比（%）	13.10	15.82
高新技术企业营业收入与规上工业企业之比（%）	23.31	28.56
城乡居民人均可支配收入之比	2.64	2.58
单位地区生产总值能耗（吨标准煤/万元）	0.41	0.44
PM2.5年平均浓度（微克/立方米）	59	62
实际使用外资额（万美元）	294089	290822
人均实际使用外资额（美元/人）	426.93	420.14
居民人均可支配收入（万元/人）	3.59	3.86

南阳市（1）

指标名称	2018 年	2019 年
财政科技支出（亿元）	9.96	12.05
财政科技支出占公共财政支出比重（%）	1.54	1.72
常住人口（万人）	1001.36	1003.16
常住人口增长率（%）	−0.36	0.18
普通高校在校学生数（万人）	9.06	9.82
万人普通高校在校学生数（人/万人）	90	98
专利申请量（件）	8122	8088
万人专利申请量（件/万人）	8.11	8.06
人均地区生产总值（万元/人）	3.56	3.80
全社会研发经费支出（亿元）	33.10	40.99
全社会研发经费支出与地区生产总值之比（%）	0.93	1.07
基础研究经费占研发经费比重（%）	0.43	0.60
万名就业人员中研发人员（人年/万人）	13.87	17.62
中央级普通高校数（个）	0	0
国家级科技成果奖数（项当量）	0	1.58
规上工业企业研发经费支出（亿元）	32.22	39.61
规上工业企业研发经费支出与营业收入之比（%）	1.57	1.73
高新技术企业数（家）	125	181
国家高新区营业收入（亿元）	298.48	303.59

南阳市（2）

指标名称	2018 年	2019 年
国家高新区营业收入与地区生产总值之比（%）	8.37	7.96
发明专利拥有量（件）	1788	1887
万人发明专利拥有量（件/万人）	1.79	1.88
技术输出合同成交额（亿元）	3.35	7.17
技术输出合同成交额与地区生产总值之比（%）	0.09	0.19
技术输入合同成交额（亿元）	13.77	20.29
技术输入合同成交额与地区生产总值之比（%）	0.39	0.53
科创板上市企业数（家）	0	1
国家级科技企业孵化器、大学科技园、双创示范基地数（个）	4	4
国家级科技企业孵化器、大学科技园新增在孵企业数（家）	12	7
科技型中小企业数（家）	238	358
规上工业企业新产品销售收入与营业收入之比（%）	16.20	15.55
高新技术企业营业收入与规上工业企业之比（%）	21.86	21.79
城乡居民人均可支配收入之比	2.26	2.20
单位地区生产总值能耗（吨标准煤/万元）	0.28	0.36
PM2.5 年平均浓度（微克/立方米）	60	60
实际使用外资额（万美元）	62662	69162
人均实际使用外资额（美元/人）	62.58	68.94
居民人均可支配收入（万元/人）	3.13	3.34

武汉市（1）

指标名称	2018年	2019年
财政科技支出（亿元）	134.41	176.43
财政科技支出占公共财政支出比重（%）	6.97	7.89
常住人口（万人）	1108.10	1121.20
常住人口增长率（%）	1.73	1.18
普通高校在校学生数（万人）	96.93	100.69
万人普通高校在校学生数（人/万人）	875	898
专利申请量（件）	61860	75783
万人专利申请量（件/万人）	55.83	67.59
人均地区生产总值（万元/人）	13.40	14.47
全社会研发经费支出（亿元）	378.42	520.69
全社会研发经费支出与地区生产总值之比（%）	2.55	3.21
基础研究经费占研发经费比重（%）	6.12	5.42
万名就业人员中研发人员（人年/万人）	79.07	137.34
中央级普通高校数（个）	8	8
国家级科技成果奖数（项当量）	92.88	163.39
规上工业企业研发经费支出（亿元）	167.37	189.64
规上工业企业研发经费支出与营业收入之比（%）	1.22	1.37
高新技术企业数（家）	3438	4276
国家高新区营业收入（亿元）	12508.08	13052.59

武汉市（2）

指标名称	2018 年	2019 年
国家高新区营业收入与地区生产总值之比（%）	84.24	80.46
发明专利拥有量（件）	37032	46108
万人发明专利拥有量（件/万人）	33.42	41.12
技术输出合同成交额（亿元）	702.03	824.83
技术输出合同成交额与地区生产总值之比（%）	4.73	5.08
技术输入合同成交额（亿元）	531.40	514.02
技术输入合同成交额与地区生产总值之比（%）	3.58	3.17
科创板上市企业数（家）	2	7
国家级科技企业孵化器、大学科技园、双创示范基地数（个）	80	80
国家级科技企业孵化器、大学科技园新增在孵企业数（家）	821	765
科技型中小企业数（家）	1587	1540
规上工业企业新产品销售收入与营业收入之比（%）	22.08	14.49
高新技术企业营业收入与规上工业企业之比（%）	63.84	80.02
城乡居民人均可支配收入之比	2.09	2.09
单位地区生产总值能耗（吨标准煤/万元）	0.44	0.58
PM2.5 年平均浓度（微克/立方米）	49	45
实际使用外资额（万美元）	1092684	1230896
人均实际使用外资额（美元/人）	986.09	1097.84
居民人均可支配收入（万元/人）	4.74	5.17

宜昌市（1）

指标名称	2018年	2019年
财政科技支出（亿元）	14.17	16.56
财政科技支出占公共财政支出比重（%）	2.81	2.77
常住人口（万人）	413.59	413.79
常住人口增长率（%）	0.01	0.05
普通高校在校学生数（万人）	5.77	6.00
万人普通高校在校学生数（人/万人）	139	145
专利申请量（件）	12531	9864
万人专利申请量（件/万人）	30.30	23.84
人均地区生产总值（万元/人）	9.83	10.78
全社会研发经费支出（亿元）	84.07	101.51
全社会研发经费支出与地区生产总值之比（%）	2.07	2.28
基础研究经费占研发经费比重（%）	0.33	0.44
万名就业人员中研发人员（人年/万人）	22.94	95.02
中央级普通高校数（个）	0	0
国家级科技成果奖数（项当量）	0.90	15.41
规上工业企业研发经费支出（亿元）	50.63	95.37
规上工业企业研发经费支出与营业收入之比（%）	1.59	2.67
高新技术企业数（家）	428	512
国家高新区营业收入（亿元）	1516.76	1651.39

宜昌市（2）

指标名称	2018年	2019年
国家高新区营业收入与地区生产总值之比（%）	37.32	37.02
发明专利拥有量（件）	3003	3526
万人发明专利拥有量（件/万人）	7.26	8.52
技术输出合同成交额（亿元）	146.62	121.74
技术输出合同成交额与地区生产总值之比（%）	3.61	2.73
技术输入合同成交额（亿元）	26.83	60.48
技术输入合同成交额与地区生产总值之比（%）	0.66	1.36
科创板上市企业数（家）	0	0
国家级科技企业孵化器、大学科技园、双创示范基地数（个）	9	12
国家级科技企业孵化器、大学科技园新增在孵企业数（家）	155	130
科技型中小企业数（家）	406	499
规上工业企业新产品销售收入与营业收入之比（%）	32.84	21.38
高新技术企业营业收入与规上工业企业之比（%）	43.82	44.82
城乡居民人均可支配收入之比	2.12	2.12
单位地区生产总值能耗（吨标准煤/万元）	0.38	0.87
PM2.5年平均浓度（微克/立方米）	53	45
实际使用外资额（万美元）	27696	30191
人均实际使用外资额（美元/人）	66.97	72.96
居民人均可支配收入（万元/人）	3.50	3.85

襄阳市（1）

指标名称	2018年	2019年
财政科技支出（亿元）	30.22	27.04
财政科技支出占公共财政支出比重（%）	4.50	3.71
常住人口（万人）	566.90	568.00
常住人口增长率（%）	0.27	0.19
普通高校在校学生数（万人）	4.08	5.11
万人普通高校在校学生数（人/万人）	72	90
专利申请量（件）	12501	9595
万人专利申请量（件/万人）	22.05	16.89
人均地区生产总值（万元/人）	7.60	8.47
全社会研发经费支出（亿元）	78.15	82.42
全社会研发经费支出与地区生产总值之比（%）	1.81	1.71
基础研究经费占研发经费比重（%）	0.17	0.16
万名就业人员中研发人员（人年/万人）	66.70	48.44
中央级普通高校数（个）	0	0
国家级科技成果奖数（项当量）	0	0
规上工业企业研发经费支出（亿元）	88.05	76.07
规上工业企业研发经费支出与营业收入之比（%）	1.73	1.30
高新技术企业数（家）	496	529
国家高新区营业收入（亿元）	3340.53	3600.04

襄阳市（2）

指标名称	2018年	2019年
国家高新区营业收入与地区生产总值之比（%）	77.51	74.80
发明专利拥有量（件）	3001	3521
万人发明专利拥有量（件/万人）	5.29	6.20
技术输出合同成交额（亿元）	133.72	131.15
技术输出合同成交额与地区生产总值之比（%）	3.10	2.73
技术输入合同成交额（亿元）	62.38	77.90
技术输入合同成交额与地区生产总值之比（%）	1.45	1.62
科创板上市企业数（家）	0	0
国家级科技企业孵化器、大学科技园、双创示范基地数（个）	6	8
国家级科技企业孵化器、大学科技园新增在孵企业数（家）	103	82
科技型中小企业数（家）	224	348
规上工业企业新产品销售收入与营业收入之比（%）	27.54	30.51
高新技术企业营业收入与规上工业企业之比（%）	43.80	41.18
城乡居民人均可支配收入之比	1.96	1.97
单位地区生产总值能耗（吨标准煤/万元）	0.47	0.73
PM2.5年平均浓度（微克/立方米）	61	60
实际使用外资额（万美元）	88015	95797
人均实际使用外资额（美元/人）	155.26	168.66
居民人均可支配收入（万元/人）	3.39	3.73

长沙市（1）

指标名称	2018 年	2019 年
财政科技支出（亿元）	36.19	49.25
财政科技支出占公共财政支出比重（%）	2.78	3.45
常住人口（万人）	815.47	839.45
常住人口增长率（%）	2.99	2.94
普通高校在校学生数（万人）	70.35	66.59
万人普通高校在校学生数（人/万人）	863	793
专利申请量（件）	42406	41896
万人专利申请量（件/万人）	52.00	49.91
人均地区生产总值（万元/人）	13.49	13.79
全社会研发经费支出（亿元）	265.86	316.18
全社会研发经费支出与地区生产总值之比（%）	2.42	2.73
基础研究经费占研发经费比重（%）	5.68	5.92
万名就业人员中研发人员（人年/万人）	111.57	113.30
中央级普通高校数（个）	3	3
国家级科技成果奖数（项当量）	113.64	126.63
规上工业企业研发经费支出（亿元）	163.22	185.14
规上工业企业研发经费支出与营业收入之比（%）	2.05	2.15
高新技术企业数（家）	2300	3055
国家高新区营业收入（亿元）	4291.23	4782.83

长沙市（2）

指标名称	2018年	2019年
国家高新区营业收入与地区生产总值之比（%）	39.00	41.32
发明专利拥有量（件）	23991	27676
万人发明专利拥有量（件/万人）	29.42	32.97
技术输出合同成交额（亿元）	145.71	234.63
技术输出合同成交额与地区生产总值之比（%）	1.32	2.03
技术输入合同成交额（亿元）	86.03	168.02
技术输入合同成交额与地区生产总值之比（%）	0.78	1.45
科创板上市企业数（家）	3	8
国家级科技企业孵化器、大学科技园、双创示范基地数（个）	38	39
国家级科技企业孵化器、大学科技园新增在孵企业数（家）	342	364
科技型中小企业数（家）	1177	1101
规上工业企业新产品销售收入与营业收入之比（%）	37.69	35.67
高新技术企业营业收入与规上工业企业之比（%）	88.00	93.40
城乡居民人均可支配收入之比	1.71	1.71
单位地区生产总值能耗（吨标准煤/万元）	0.05	0.42
PM2.5年平均浓度（微克/立方米）	48	47
实际使用外资额（万美元）	577997	637366
人均实际使用外资额（美元/人）	708.79	759.27
居民人均可支配收入（万元/人）	5.08	5.52

株洲市（1）

指标名称	2018 年	2019 年
财政科技支出（亿元）	17.63	25.87
财政科技支出占公共财政支出比重（%）	3.86	4.94
常住人口（万人）	402.08	402.85
常住人口增长率（%）	-0.02	0.19
普通高校在校学生数（万人）	9.33	10.19
万人普通高校在校学生数（人/万人）	232	253
专利申请量（件）	8147	9763
万人专利申请量（件/万人）	20.26	24.23
人均地区生产总值（万元/人）	6.54	7.45
全社会研发经费支出（亿元）	75.23	87.44
全社会研发经费支出与地区生产总值之比（%）	2.86	2.91
基础研究经费占研发经费比重（%）	1.36	0.42
万名就业人员中研发人员（人年/万人）	55.59	57.21
中央级普通高校数（个）	0	0
国家级科技成果奖数（项当量）	9.32	21.22
规上工业企业研发经费支出（亿元）	61.34	61.56
规上工业企业研发经费支出与营业收入之比（%）	2.57	2.27
高新技术企业数（家）	403	544
国家高新区营业收入（亿元）	2311.20	2595.88

株洲市（2）

指标名称	2018年	2019年
国家高新区营业收入与地区生产总值之比（%）	87.83	86.44
发明专利拥有量（件）	5078	6061
万人发明专利拥有量（件/万人）	12.63	15.05
技术输出合同成交额（亿元）	55.67	105.83
技术输出合同成交额与地区生产总值之比（%）	2.12	3.52
技术输入合同成交额（亿元）	14.76	25.87
技术输入合同成交额与地区生产总值之比（%）	0.56	0.86
科创板上市企业数（家）	0	2
国家级科技企业孵化器、大学科技园、双创示范基地数（个）	8	10
国家级科技企业孵化器、大学科技园新增在孵企业数（家）	38	38
科技型中小企业数（家）	266	444
规上工业企业新产品销售收入与营业收入之比（%）	26.57	24.15
高新技术企业营业收入与规上工业企业之比（%）	79.90	78.70
城乡居民人均可支配收入之比	2.16	2.15
单位地区生产总值能耗（吨标准煤/万元）	0.15	0.58
PM2.5年平均浓度（微克/立方米）	45	47
实际使用外资额（万美元）	135412	153591
人均实际使用外资额（美元/人）	336.78	381.26
居民人均可支配收入（万元/人）	4.29	4.66

衡阳市（1）

指标名称	2018 年	2019 年
财政科技支出（亿元）	4.43	5.21
财政科技支出占公共财政支出比重（%）	0.83	0.87
常住人口（万人）	724.34	730.06
常住人口增长率（%）	0.53	0.79
普通高校在校学生数（万人）	16.66	12.88
万人普通高校在校学生数（人/万人）	230	176
专利申请量（件）	7035	7739
万人专利申请量（件/万人）	9.71	10.60
人均地区生产总值（万元/人）	4.21	4.62
全社会研发经费支出（亿元）	37.98	46.16
全社会研发经费支出与地区生产总值之比（%）	1.25	1.37
基础研究经费占研发经费比重（%）	2.71	5.07
万名就业人员中研发人员（人年/万人）	16.42	24.87
中央级普通高校数（个）	0	0
国家级科技成果奖数（项当量）	0	3.44
规上工业企业研发经费支出（亿元）	33.08	37.67
规上工业企业研发经费支出与营业收入之比（%）	1.97	2.30
高新技术企业数（家）	192	270
国家高新区营业收入（亿元）	759.27	803.69

衡阳市（2）

指标名称	2018年	2019年
国家高新区营业收入与地区生产总值之比（%）	24.93	23.83
发明专利拥有量（件）	1468	1623
万人发明专利拥有量（件/万人）	2.03	2.22
技术输出合同成交额（亿元）	7.33	12.59
技术输出合同成交额与地区生产总值之比（%）	0.24	0.37
技术输入合同成交额（亿元）	10.65	14.99
技术输入合同成交额与地区生产总值之比（%）	0.35	0.44
科创板上市企业数（家）	0	0
国家级科技企业孵化器、大学科技园、双创示范基地数（个）	0	1
国家级科技企业孵化器、大学科技园新增在孵企业数（家）	0	0
科技型中小企业数（家）	73	159
规上工业企业新产品销售收入与营业收入之比（%）	16.81	17.08
高新技术企业营业收入与规上工业企业之比（%）	40.18	49.38
城乡居民人均可支配收入之比	1.85	1.74
单位地区生产总值能耗（吨标准煤/万元）	0.15	0.56
PM2.5年平均浓度（微克/立方米）	43	42
实际使用外资额（万美元）	142547	158032
人均实际使用外资额（美元/人）	196.80	216.46
居民人均可支配收入（万元/人）	3.37	3.46

呼和浩特市（1）

指标名称	2018年	2019年
财政科技支出（亿元）	3.34	7.19
财政科技支出占公共财政支出比重（%）	0.94	1.72
常住人口（万人）	312.64	313.68
常住人口增长率（%）	0.37	0.33
普通高校在校学生数（万人）	24.03	24.32
万人普通高校在校学生数（人/万人）	769	775
专利申请量（件）	5868	6936
万人专利申请量（件/万人）	18.77	22.11
人均地区生产总值（万元/人）	9.29	8.90
全社会研发经费支出（亿元）	33.99	43.65
全社会研发经费支出与地区生产总值之比（%）	1.17	1.56
基础研究经费占研发经费比重（%）	8.47	6.98
万名就业人员中研发人员（人年/万人）	32.91	38.74
中央级普通高校数（个）	0	0
国家级科技成果奖数（项当量）	0.48	4.55
规上工业企业研发经费支出（亿元）	18.98	27.19
规上工业企业研发经费支出与营业收入之比（%）	1.00	1.34
高新技术企业数（家）	272	305
国家高新区营业收入（亿元）	855.13	961.08

呼和浩特市（2）

指标名称	2018 年	2019 年
国家高新区营业收入与地区生产总值之比（%）	29.45	34.43
发明专利拥有量（件）	2065	2327
万人发明专利拥有量（件/万人）	6.61	7.42
技术输出合同成交额（亿元）	11.81	12.62
技术输出合同成交额与地区生产总值之比（%）	0.41	0.45
技术输入合同成交额（亿元）	37.58	63.35
技术输入合同成交额与地区生产总值之比（%）	1.29	2.27
科创板上市企业数（家）	0	0
国家级科技企业孵化器、大学科技园、双创示范基地数（个）	14	14
国家级科技企业孵化器、大学科技园新增在孵企业数（家）	14	55
科技型中小企业数（家）	81	117
规上工业企业新产品销售收入与营业收入之比（%）	18.73	16.32
高新技术企业营业收入与规上工业企业之比（%）	25.13	27.50
城乡居民人均可支配收入之比	2.71	2.60
单位地区生产总值能耗（吨标准煤/万元）	0.57	0.62
PM2.5 年平均浓度（微克/立方米）	36	37
实际使用外资额（万美元）	19928	25733
人均实际使用外资额（美元/人）	63.74	82.04
居民人均可支配收入（万元/人）	4.66	4.94

包头市（1）

指标名称	2018 年	2019 年
财政科技支出（亿元）	4.83	4.28
财政科技支出占公共财政支出比重（%）	1.32	1.17
常住人口（万人）	288.87	289.69
常住人口增长率（%）	0.38	0.28
普通高校在校学生数（万人）	7.64	7.64
万人普通高校在校学生数（人/万人）	265	264
专利申请量（件）	3478	3441
万人专利申请量（件/万人）	12.04	11.88
人均地区生产总值（万元/人）	10.19	9.37
全社会研发经费支出（亿元）	44.92	42.86
全社会研发经费支出与地区生产总值之比（%）	1.53	1.58
基础研究经费占研发经费比重（%）	0.91	2.29
万名就业人员中研发人员（人年/万人）	53.75	54.01
中央级普通高校数（个）	0	0
国家级科技成果奖数（项当量）	0	0
规上工业企业研发经费支出（亿元）	39.10	35.04
规上工业企业研发经费支出与营业收入之比（%）	1.51	1.16
高新技术企业数（家）	159	188
国家高新区营业收入（亿元）	1196.45	1948.72

包头市（2）

指标名称	2018年	2019年
国家高新区营业收入与地区生产总值之比（%）	40.66	71.79
发明专利拥有量（件）	1375	1635
万人发明专利拥有量（件/万人）	4.76	5.64
技术输出合同成交额（亿元）	0.97	1.45
技术输出合同成交额与地区生产总值之比（%）	0.03	0.05
技术输入合同成交额（亿元）	9.80	6.52
技术输入合同成交额与地区生产总值之比（%）	0.33	0.24
科创板上市企业数（家）	0	0
国家级科技企业孵化器、大学科技园、双创示范基地数（个）	14	14
国家级科技企业孵化器、大学科技园新增在孵企业数（家）	91	95
科技型中小企业数（家）	40	33
规上工业企业新产品销售收入与营业收入之比（%）	10.96	15.61
高新技术企业营业收入与规上工业企业之比（%）	26.76	55.70
城乡居民人均可支配收入之比	2.72	2.63
单位地区生产总值能耗（吨标准煤/万元）	1.52	1.72
PM2.5年平均浓度（微克/立方米）	39	38
实际使用外资额（万美元）	17713	18100
人均实际使用外资额（美元/人）	61.32	62.48
居民人均可支配收入（万元/人）	4.74	5.04

南宁市（1）

指标名称	2018年	2019年
财政科技支出（亿元）	7.85	10.67
财政科技支出占公共财政支出比重（%）	1.12	1.35
常住人口（万人）	725.41	734.48
常住人口增长率（%）	1.41	1.25
普通高校在校学生数（万人）	44.90	48.74
万人普通高校在校学生数（人/万人）	619	664
专利申请量（件）	12496	14344
万人专利申请量（件/万人）	17.23	19.53
人均地区生产总值（万元/人）	5.55	6.14
全社会研发经费支出（亿元）	47.19	52.55
全社会研发经费支出与地区生产总值之比（%）	1.17	1.17
基础研究经费占研发经费比重（%）	20.68	20.88
万名就业人员中研发人员（人年/万人）	32.69	25.69
中央级普通高校数（个）	0	0
国家级科技成果奖数（项当量）	8.41	16.08
规上工业企业研发经费支出（亿元）	11.81	11.25
规上工业企业研发经费支出与营业收入之比（%）	0.47	0.49
高新技术企业数（家）	748	986
国家高新区营业收入（亿元）	2611.75	2698.38

南宁市（2）

指标名称	2018年	2019年
国家高新区营业收入与地区生产总值之比（%）	64.86	59.88
发明专利拥有量（件）	6958	7784
万人发明专利拥有量（件/万人）	9.59	10.60
技术输出合同成交额（亿元）	35.67	29.85
技术输出合同成交额与地区生产总值之比（%）	0.89	0.66
技术输入合同成交额（亿元）	104.94	180.14
技术输入合同成交额与地区生产总值之比（%）	2.61	4.00
科创板上市企业数（家）	0	0
国家级科技企业孵化器、大学科技园、双创示范基地数（个）	11	13
国家级科技企业孵化器、大学科技园新增在孵企业数（家）	188	214
科技型中小企业数（家）	283	504
规上工业企业新产品销售收入与营业收入之比（%）	5.90	6.63
高新技术企业营业收入与规上工业企业之比（%）	59.70	68.67
城乡居民人均可支配收入之比	2.58	2.50
单位地区生产总值能耗（吨标准煤/万元）	0.31	0.28
PM2.5年平均浓度（微克/立方米）	34	30
实际使用外资额（万美元）	14074	31018
人均实际使用外资额（美元/人）	19.40	42.23
居民人均可支配收入（万元/人）	3.53	3.77

成都市（1）

指标名称	2018 年	2019 年
财政科技支出（亿元）	73.07	105.77
财政科技支出占公共财政支出比重（%）	3.98	5.27
常住人口（万人）	1633.00	1658.10
常住人口增长率（%）	1.78	1.54
普通高校在校学生数（万人）	84.03	87.93
万人普通高校在校学生数（人/万人）	515	530
专利申请量（件）	103534	78081
万人专利申请量（件/万人）	63.40	47.09
人均地区生产总值（万元/人）	9.40	10.26
全社会研发经费支出（亿元）	392.31	452.54
全社会研发经费支出与地区生产总值之比（%）	2.56	2.66
基础研究经费占研发经费比重（%）	7.73	7.54
万名就业人员中研发人员（人年/万人）	69.96	100.02
中央级普通高校数（个）	5	5
国家级科技成果奖数（项当量）	67.57	111.37
规上工业企业研发经费支出（亿元）	134.64	153.04
规上工业企业研发经费支出与营业收入之比（%）	1.17	1.09
高新技术企业数（家）	3053	4078
国家高新区营业收入（亿元）	6360.98	7032.40

成都市（2）

指标名称	2018 年	2019 年
国家高新区营业收入与地区生产总值之比（%）	41.46	41.34
发明专利拥有量（件）	35856	42046
万人发明专利拥有量（件/万人）	21.96	25.36
技术输出合同成交额（亿元）	946.66	1152.40
技术输出合同成交额与地区生产总值之比（%）	6.17	6.77
技术输入合同成交额（亿元）	408.42	501.58
技术输入合同成交额与地区生产总值之比（%）	2.66	2.95
科创板上市企业数（家）	1	11
国家级科技企业孵化器、大学科技园、双创示范基地数（个）	66	67
国家级科技企业孵化器、大学科技园新增在孵企业数（家）	788	806
科技型中小企业数（家）	3544	5211
规上工业企业新产品销售收入与营业收入之比（%）	11.96	11.25
高新技术企业营业收入与规上工业企业之比（%）	45.21	48.17
城乡居民人均可支配收入之比	1.90	1.88
单位地区生产总值能耗（吨标准煤/万元）	0.33	0.37
PM2.5 年平均浓度（微克/立方米）	51	43
实际使用外资额（万美元）	1227500	1316900
人均实际使用外资额（美元/人）	751.68	794.22
居民人均可支配收入（万元/人）	4.21	4.59

贵阳市（1）

指标名称	2018 年	2019 年
财政科技支出（亿元）	24.78	28.46
财政科技支出占公共财政支出比重（%）	3.97	3.96
常住人口（万人）	488.19	497.14
常住人口增长率（%）	1.66	1.83
普通高校在校学生数（万人）	37.90	41.11
万人普通高校在校学生数（人/万人）	776	827
专利申请量（件）	19985	20287
万人专利申请量（件/万人）	40.94	40.81
人均地区生产总值（万元/人）	7.78	8.13
全社会研发经费支出（亿元）	57.98	71.21
全社会研发经费支出与地区生产总值之比（%）	1.53	1.76
基础研究经费占研发经费比重（%）	11.47	14.42
万名就业人员中研发人员（人年/万人）	62.45	65.11
中央级普通高校数（个）	0	0
国家级科技成果奖数（项当量）	0	18.75
规上工业企业研发经费支出（亿元）	26.17	32.43
规上工业企业研发经费支出与营业收入之比（%）	1.21	1.37
高新技术企业数（家）	782	1062
国家高新区营业收入（亿元）	2628.09	2468.55

贵阳市（2）

指标名称	2018 年	2019 年
国家高新区营业收入与地区生产总值之比（%）	69.19	61.11
发明专利拥有量（件）	6159	6828
万人发明专利拥有量（件/万人）	12.62	13.73
技术输出合同成交额（亿元）	111.34	135.76
技术输出合同成交额与地区生产总值之比（%）	2.93	3.36
技术输入合同成交额（亿元）	186.09	223.12
技术输入合同成交额与地区生产总值之比（%）	4.90	5.52
科创板上市企业数（家）	0	1
国家级科技企业孵化器、大学科技园、双创示范基地数（个）	25	24
国家级科技企业孵化器、大学科技园新增在孵企业数（家）	175	227
科技型中小企业数（家）	275	235
规上工业企业新产品销售收入与营业收入之比（%）	11.28	11.56
高新技术企业营业收入与规上工业企业之比（%）	64.02	68.38
城乡居民人均可支配收入之比	2.24	2.21
单位地区生产总值能耗（吨标准煤/万元）	0.60	0.61
PM2.5 年平均浓度（微克/立方米）	32	27
实际使用外资额（万美元）	158906	178000
人均实际使用外资额（美元/人）	325.50	358.05
居民人均可支配收入（万元/人）	3.51	3.82

遵义市（1）

指标名称	2018 年	2019 年
财政科技支出（亿元）	8.93	10.96
财政科技支出占公共财政支出比重（%）	1.32	1.47
常住人口（万人）	627.07	630.20
常住人口增长率（%）	0.36	0.50
普通高校在校学生数（万人）	9.30	8.39
万人普通高校在校学生数（人/万人）	148	133
专利申请量（件）	8449	7400
万人专利申请量（件/万人）	13.47	11.74
人均地区生产总值（万元/人）	4.78	5.53
全社会研发经费支出（亿元）	13.76	12.72
全社会研发经费支出与地区生产总值之比（%）	0.46	0.37
基础研究经费占研发经费比重（%）	9.58	7.56
万名就业人员中研发人员（人年/万人）	9.28	10.13
中央级普通高校数（个）	0	0
国家级科技成果奖数（项当量）	0	1.58
规上工业企业研发经费支出（亿元）	11.48	11.97
规上工业企业研发经费支出与营业收入之比（%）	0.46	0.61
高新技术企业数（家）	152	201
国家高新区营业收入（亿元）	0	0

遵义市（2）

指标名称	2018 年	2019 年
国家高新区营业收入与地区生产总值之比（%）	0	0
发明专利拥有量（件）	1576	1874
万人发明专利拥有量（件/万人）	2.51	2.97
技术输出合同成交额（亿元）	10.88	25.26
技术输出合同成交额与地区生产总值之比（%）	0.36	0.73
技术输入合同成交额（亿元）	43.85	43.46
技术输入合同成交额与地区生产总值之比（%）	1.46	1.25
科创板上市企业数（家）	0	0
国家级科技企业孵化器、大学科技园、双创示范基地数（个）	4	4
国家级科技企业孵化器、大学科技园新增在孵企业数（家）	17	23
科技型中小企业数（家）	69	35
规上工业企业新产品销售收入与营业收入之比（%）	8.70	11.46
高新技术企业营业收入与规上工业企业之比（%）	17.43	20.12
城乡居民人均可支配收入之比	2.63	2.61
单位地区生产总值能耗（吨标准煤/万元）	0.61	0.55
PM2.5 年平均浓度（微克/立方米）	28	22
实际使用外资额（万美元）	765	43542
人均实际使用外资额（美元/人）	1.22	69.09
居民人均可支配收入（万元/人）	3.23	3.54

昆明市（1）

指标名称	2018 年	2019 年
财政科技支出（亿元）	18.01	18.87
财政科技支出占公共财政支出比重（%）	2.38	2.30
常住人口（万人）	685.00	695.00
常住人口增长率（%）	0.99	1.46
普通高校在校学生数（万人）	54.73	62.26
万人普通高校在校学生数（人/万人）	799	896
专利申请量（件）	23987	22771
万人专利申请量（件/万人）	35.02	32.76
人均地区生产总值（万元/人）	7.60	9.32
全社会研发经费支出（亿元）	97.94	112.05
全社会研发经费支出与地区生产总值之比（%）	1.88	1.73
基础研究经费占研发经费比重（%）	14.51	14.27
万名就业人员中研发人员（人年/万人）	49.68	62.11
中央级普通高校数（个）	0	0
国家级科技成果奖数（项当量）	13.88	15.05
规上工业企业研发经费支出（亿元）	40.05	44.21
规上工业企业研发经费支出与营业收入之比（%）	0.88	0.91
高新技术企业数（家）	903	1015
国家高新区营业收入（亿元）	2095.64	2267.56

昆明市（2）

指标名称	2018 年	2019 年
国家高新区营业收入与地区生产总值之比（%）	40.25	35.02
发明专利拥有量（件）	8917	10240
万人发明专利拥有量（件/万人）	13.02	14.73
技术输出合同成交额（亿元）	73.07	68.21
技术输出合同成交额与地区生产总值之比（%）	1.40	1.05
技术输入合同成交额（亿元）	166.67	97.42
技术输入合同成交额与地区生产总值之比（%）	3.20	1.50
科创板上市企业数（家）	0	0
国家级科技企业孵化器、大学科技园、双创示范基地数（个）	38	36
国家级科技企业孵化器、大学科技园新增在孵企业数（家）	162	273
科技型中小企业数（家）	689	460
规上工业企业新产品销售收入与营业收入之比（%）	7.99	7.28
高新技术企业营业收入与规上工业企业之比（%）	49.88	51.69
城乡居民人均可支配收入之比	2.89	2.83
单位地区生产总值能耗（吨标准煤/万元）	0.48	0.36
PM2.5 年平均浓度（微克/立方米）	30	26
实际使用外资额（万美元）	85013	64861
人均实际使用外资额（美元/人）	124.11	93.33
居民人均可支配收入（万元/人）	4.30	4.63

玉溪市（1）

指标名称	2018年	2019年
财政科技支出（亿元）	3.98	3.78
财政科技支出占公共财政支出比重（%）	1.43	1.29
常住人口（万人）	238.60	238.88
常住人口增长率（%）	0.21	0.12
普通高校在校学生数（万人）	1.68	1.92
万人普通高校在校学生数（人/万人）	70	80
专利申请量（件）	2354	1993
万人专利申请量（件/万人）	9.87	8.34
人均地区生产总值（万元/人）	6.26	8.16
全社会研发经费支出（亿元）	14.81	20.22
全社会研发经费支出与地区生产总值之比（%）	0.99	1.04
基础研究经费占研发经费比重（%）	0.86	0.78
万名就业人员中研发人员（人年/万人）	17.49	29.24
中央级普通高校数（个）	0	0
国家级科技成果奖数（项当量）	0	0
规上工业企业研发经费支出（亿元）	12.76	18.44
规上工业企业研发经费支出与营业收入之比（%）	0.83	1.06
高新技术企业数（家）	94	98
国家高新区营业收入（亿元）	885.90	983.54

玉溪市（2）

指标名称	2018 年	2019 年
国家高新区营业收入与地区生产总值之比（%）	59.34	50.45
发明专利拥有量（件）	849	890
万人发明专利拥有量（件/万人）	3.56	3.73
技术输出合同成交额（亿元）	3.38	4.35
技术输出合同成交额与地区生产总值之比（%）	0.23	0.22
技术输入合同成交额（亿元）	13.88	2.82
技术输入合同成交额与地区生产总值之比（%）	0.93	0.14
科创板上市企业数（家）	0	0
国家级科技企业孵化器、大学科技园、双创示范基地数（个）	2	2
国家级科技企业孵化器、大学科技园新增在孵企业数（家）	0	0
科技型中小企业数（家）	56	49
规上工业企业新产品销售收入与营业收入之比（%）	11.02	9.16
高新技术企业营业收入与规上工业企业之比（%）	17.78	20.50
城乡居民人均可支配收入之比	2.64	2.59
单位地区生产总值能耗（吨标准煤/万元）	0.82	0.68
PM2.5 年平均浓度（微克/立方米）	26	23
实际使用外资额（万美元）	499	1003
人均实际使用外资额（美元/人）	2.09	4.20
居民人均可支配收入（万元/人）	3.77	4.07

拉萨市（1）

指标名称	2018年	2019年
财政科技支出（亿元）	2.91	2.32
财政科技支出占公共财政支出比重（%）	0.97	0.64
常住人口（万人）	70.38	72.07
常住人口增长率（%）	2.25	2.40
普通高校在校学生数（万人）	3.11	2.09
万人普通高校在校学生数（人/万人）	443	291
专利申请量（件）	1261	1933
万人专利申请量（件/万人）	17.92	26.82
人均地区生产总值（万元/人）	7.68	8.57
全社会研发经费支出（亿元）	1.36	0.37
全社会研发经费支出与地区生产总值之比（%）	0.25	0.06
基础研究经费占研发经费比重（%）	0	0
万名就业人员中研发人员（人年/万人）	24.74	35.83
中央级普通高校数（个）	0	0
国家级科技成果奖数（项当量）	0	1.17
规上工业企业研发经费支出（亿元）	0.06	0.28
规上工业企业研发经费支出与营业收入之比（%）	0.03	0.14
高新技术企业数（家）	42	58
国家高新区营业收入（亿元）	0	0

拉萨市（2）

指标名称	2018年	2019年
国家高新区营业收入与地区生产总值之比（%）	0	0
发明专利拥有量（件）	483	564
万人发明专利拥有量（件/万人）	6.86	7.83
技术输出合同成交额（亿元）	0.04	0.96
技术输出合同成交额与地区生产总值之比（%）	0.01	0.16
技术输入合同成交额（亿元）	31.34	96.04
技术输入合同成交额与地区生产总值之比（%）	5.80	15.54
科创板上市企业数（家）	0	0
国家级科技企业孵化器、大学科技园、双创示范基地数（个）	4	4
国家级科技企业孵化器、大学科技园新增在孵企业数（家）	4	6
科技型中小企业数（家）	66	103
规上工业企业新产品销售收入与营业收入之比（%）	0	0
高新技术企业营业收入与规上工业企业之比（%）	66.01	77.75
城乡居民人均可支配收入之比	2.49	2.45
单位地区生产总值能耗（吨标准煤/万元）	0.11	0.12
PM2.5年平均浓度（微克/立方米）	20	12
实际使用外资额（万美元）	0	0
人均实际使用外资额（美元/人）	0	0
居民人均可支配收入（万元/人）	3.58	3.97

西安市（1）

指标名称	2018 年	2019 年
财政科技支出（亿元）	48.23	34.79
财政科技支出占公共财政支出比重（%）	4.19	2.79
常住人口（万人）	1000.37	1020.35
常住人口增长率（%）	4.02	2.00
普通高校在校学生数（万人）	71.28	87.14
万人普通高校在校学生数（人/万人）	713	854
专利申请量（件）	72127	62353
万人专利申请量（件/万人）	72.10	61.11
人均地区生产总值（万元/人）	8.35	9.14
全社会研发经费支出（亿元）	426.14	481.76
全社会研发经费支出与地区生产总值之比（%）	5.10	5.17
基础研究经费占研发经费比重（%）	5.97	6.24
万名就业人员中研发人员（人年/万人）	123.42	143.16
中央级普通高校数（个）	5	5
国家级科技成果奖数（项当量）	72.89	125.49
规上工业企业研发经费支出（亿元）	122.08	154.16
规上工业企业研发经费支出与营业收入之比（%）	2.03	2.59
高新技术企业数（家）	2605	3661
国家高新区营业收入（亿元）	11505.60	11640.34

西安市（2）

指标名称	2018年	2019年
国家高新区营业收入与地区生产总值之比（%）	137.79	124.88
发明专利拥有量（件）	35383	41727
万人发明专利拥有量（件/万人）	35.37	40.89
技术输出合同成交额（亿元）	1028.33	1364.00
技术输出合同成交额与地区生产总值之比（%）	12.32	14.63
技术输入合同成交额（亿元）	376.80	501.85
技术输入合同成交额与地区生产总值之比（%）	4.51	5.38
科创板上市企业数（家）	2	5
国家级科技企业孵化器、大学科技园、双创示范基地数（个）	81	81
国家级科技企业孵化器、大学科技园新增在孵企业数（家）	439	446
科技型中小企业数（家）	3020	3997
规上工业企业新产品销售收入与营业收入之比（%）	18.97	26.01
高新技术企业营业收入与规上工业企业之比（%）	81.74	105.12
城乡居民人均可支配收入之比	2.92	2.87
单位地区生产总值能耗（吨标准煤/万元）	0.31	0.31
PM2.5年平均浓度（微克/立方米）	61	57
实际使用外资额（万美元）	635370	705738
人均实际使用外资额（美元/人）	635.13	691.66
居民人均可支配收入（万元/人）	3.87	4.19

宝鸡市（1）

指标名称	2018 年	2019 年
财政科技支出（亿元）	8.38	8.18
财政科技支出占公共财政支出比重（%）	2.54	2.33
常住人口（万人）	377.10	376.10
常住人口增长率（%）	-0.26	-0.27
普通高校在校学生数（万人）	3.46	5.03
万人普通高校在校学生数（人/万人）	92	134
专利申请量（件）	3720	2785
万人专利申请量（件/万人）	9.86	7.40
人均地区生产总值（万元/人）	6.01	5.91
全社会研发经费支出（亿元）	33.21	25.28
全社会研发经费支出与地区生产总值之比（%）	1.47	1.14
基础研究经费占研发经费比重（%）	0.77	1.62
万名就业人员中研发人员（人年/万人）	31.93	36.85
中央级普通高校数（个）	0	0
国家级科技成果奖数（项当量）	4.01	0
规上工业企业研发经费支出（亿元）	32.07	23.85
规上工业企业研发经费支出与营业收入之比（%）	1.12	0.83
高新技术企业数（家）	160	210
国家高新区营业收入（亿元）	2119.72	2166.95

宝鸡市（2）

指标名称	2018年	2019年
国家高新区营业收入与地区生产总值之比（%）	93.58	97.44
发明专利拥有量（件）	1073	1208
万人发明专利拥有量（件/万人）	2.85	3.21
技术输出合同成交额（亿元）	30.04	32.91
技术输出合同成交额与地区生产总值之比（%）	1.33	1.48
技术输入合同成交额（亿元）	20.76	26.27
技术输入合同成交额与地区生产总值之比（%）	0.92	1.18
科创板上市企业数（家）	0	0
国家级科技企业孵化器、大学科技园、双创示范基地数（个）	5	6
国家级科技企业孵化器、大学科技园新增在孵企业数（家）	55	46
科技型中小企业数（家）	200	199
规上工业企业新产品销售收入与营业收入之比（%）	15.36	14.39
高新技术企业营业收入与规上工业企业之比（%）	34.53	40.89
城乡居民人均可支配收入之比	2.66	2.63
单位地区生产总值能耗（吨标准煤/万元）	0.47	0.46
PM2.5年平均浓度（微克/立方米）	52	44
实际使用外资额（万美元）	9020	11088
人均实际使用外资额（美元/人）	23.92	29.48
居民人均可支配收入（万元/人）	3.18	3.44

汉中市（1）

指标名称	2018 年	2019 年
财政科技支出（亿元）	1.92	9.18
财政科技支出占公共财政支出比重（%）	0.56	2.39
常住人口（万人）	343.61	343.70
常住人口增长率（%）	−0.38	0.03
普通高校在校学生数（万人）	4.01	4.14
万人普通高校在校学生数（人/万人）	117	120
专利申请量（件）	2544	2227
万人专利申请量（件/万人）	7.40	6.48
人均地区生产总值（万元/人）	4.28	4.50
全社会研发经费支出（亿元）	12.79	16.41
全社会研发经费支出与地区生产总值之比（%）	0.87	1.06
基础研究经费占研发经费比重（%）	1.18	1.34
万名就业人员中研发人员（人年/万人）	18.00	19.48
中央级普通高校数（个）	0	0
国家级科技成果奖数（项当量）	0	0
规上工业企业研发经费支出（亿元）	12.42	15.88
规上工业企业研发经费支出与营业收入之比（%）	0.92	1.27
高新技术企业数（家）	40	55
国家高新区营业收入（亿元）	0	0

汉中市（2）

指标名称	2018 年	2019 年
国家高新区营业收入与地区生产总值之比（%）	0	0
发明专利拥有量（件）	406	468
万人发明专利拥有量（件/万人）	1.18	1.36
技术输出合同成交额（亿元）	2.16	5.05
技术输出合同成交额与地区生产总值之比（%）	0.15	0.33
技术输入合同成交额（亿元）	38.98	9.97
技术输入合同成交额与地区生产总值之比（%）	2.65	0.64
科创板上市企业数（家）	0	0
国家级科技企业孵化器、大学科技园、双创示范基地数（个）	0	1
国家级科技企业孵化器、大学科技园新增在孵企业数（家）	0	0
科技型中小企业数（家）	107	112
规上工业企业新产品销售收入与营业收入之比（%）	8.71	9.97
高新技术企业营业收入与规上工业企业之比（%）	14.54	12.90
城乡居民人均可支配收入之比	3.01	2.96
单位地区生产总值能耗（吨标准煤/万元）	0.65	0.45
PM2.5 年平均浓度（微克/立方米）	36	42
实际使用外资额（万美元）	3066	5427
人均实际使用外资额（美元/人）	8.92	15.79
居民人均可支配收入（万元/人）	3.04	3.28

兰州市（1）

指标名称	2018年	2019年
财政科技支出（亿元）	6.06	7.89
财政科技支出占公共财政支出比重（%）	1.30	1.73
常住人口（万人）	375.36	379.09
常住人口增长率（%）	0.64	0.99
普通高校在校学生数（万人）	33.69	35.80
万人普通高校在校学生数（人/万人）	897	944
专利申请量（件）	11885	12758
万人专利申请量（件/万人）	31.66	33.65
人均地区生产总值（万元/人）	7.28	7.48
全社会研发经费支出（亿元）	52.37	63.92
全社会研发经费支出与地区生产总值之比（%）	1.92	2.25
基础研究经费占研发经费比重（%）	27.08	25.81
万名就业人员中研发人员（人年/万人）	58.78	70.61
中央级普通高校数（个）	2	2
国家级科技成果奖数（项当量）	42.26	26.75
规上工业企业研发经费支出（亿元）	9.79	18.53
规上工业企业研发经费支出与营业收入之比（%）	0.42	0.75
高新技术企业数（家）	472	569
国家高新区营业收入（亿元）	1748.16	1822.67

兰州市（2）

指标名称	2018年	2019年
国家高新区营业收入与地区生产总值之比（%）	63.97	64.24
发明专利拥有量（件）	4527	4897
万人发明专利拥有量（件/万人）	12.06	12.92
技术输出合同成交额（亿元）	63.09	65.02
技术输出合同成交额与地区生产总值之比（%）	2.31	2.29
技术输入合同成交额（亿元）	77.86	77.94
技术输入合同成交额与地区生产总值之比（%）	2.85	2.75
科创板上市企业数（家）	0	0
国家级科技企业孵化器、大学科技园、双创示范基地数（个）	32	31
国家级科技企业孵化器、大学科技园新增在孵企业数（家）	167	235
科技型中小企业数（家）	256	191
规上工业企业新产品销售收入与营业收入之比（%）	1.84	7.71
高新技术企业营业收入与规上工业企业之比（%）	37.10	38.26
城乡居民人均可支配收入之比	2.83	2.80
单位地区生产总值能耗（吨标准煤/万元）	0.66	0.62
PM2.5年平均浓度（微克/立方米）	47	36
实际使用外资额（万美元）	17958	7483
人均实际使用外资额（美元/人）	47.84	19.74
居民人均可支配收入（万元/人）	3.50	3.81

西宁市（1）

指标名称	2018 年	2019 年
财政科技支出（亿元）	2.36	2.02
财政科技支出占公共财政支出比重（%）	0.79	0.61
常住人口（万人）	237.11	238.71
常住人口增长率（%）	0.68	0.67
普通高校在校学生数（万人）	6.44	6.66
万人普通高校在校学生数（人/万人）	272	279
专利申请量（件）	3467	3550
万人专利申请量（件/万人）	14.62	14.87
人均地区生产总值（万元/人）	5.43	5.56
全社会研发经费支出（亿元）	10.79	17.07
全社会研发经费支出与地区生产总值之比（%）	0.84	1.29
基础研究经费占研发经费比重（%）	16.17	12.33
万名就业人员中研发人员（人年/万人）	25.50	31.75
中央级普通高校数（个）	0	0
国家级科技成果奖数（项当量）	1.00	0
规上工业企业研发经费支出（亿元）	4.23	5.90
规上工业企业研发经费支出与营业收入之比（%）	0.33	0.42
高新技术企业数（家）	138	143
国家高新区营业收入（亿元）	74.97	60.26

西宁市（2）

指标名称	2018 年	2019 年
国家高新区营业收入与地区生产总值之比（%）	5.83	4.54
发明专利拥有量（件）	1192	1365
万人发明专利拥有量（件/万人）	5.03	5.72
技术输出合同成交额（亿元）	79.30	8.19
技术输出合同成交额与地区生产总值之比（%）	6.16	0.62
技术输入合同成交额（亿元）	40.77	55.87
技术输入合同成交额与地区生产总值之比（%）	3.17	4.21
科创板上市企业数（家）	0	0
国家级科技企业孵化器、大学科技园、双创示范基地数（个）	14	16
国家级科技企业孵化器、大学科技园新增在孵企业数（家）	64	65
科技型中小企业数（家）	141	154
规上工业企业新产品销售收入与营业收入之比（%）	8.28	7.44
高新技术企业营业收入与规上工业企业之比（%）	38.90	34.83
城乡居民人均可支配收入之比	2.82	2.77
单位地区生产总值能耗（吨标准煤/万元）	1.74	1.65
PM2.5 年平均浓度（微克/立方米）	46	34
实际使用外资额（万美元）	11144	7565
人均实际使用外资额（美元/人）	47.00	31.69
居民人均可支配收入（万元/人）	3.25	3.48

银川市（1）

指标名称	2018 年	2019 年
财政科技支出（亿元）	9.86	8.78
财政科技支出占公共财政支出比重（%）	2.72	2.53
常住人口（万人）	225.06	229.30
常住人口增长率（%）	1.13	1.89
普通高校在校学生数（万人）	10.40	11.12
万人普通高校在校学生数（人/万人）	462	485
专利申请量（件）	5937	5126
万人专利申请量（件/万人）	26.38	22.35
人均地区生产总值（万元/人）	8.45	8.27
全社会研发经费支出（亿元）	26.59	30.69
全社会研发经费支出与地区生产总值之比（%）	1.40	1.62
基础研究经费占研发经费比重（%）	7.35	8.27
万名就业人员中研发人员（人年/万人）	75.51	29.91
中央级普通高校数（个）	1	1
国家级科技成果奖数（项当量）	3.68	0
规上工业企业研发经费支出（亿元）	20.99	23.64
规上工业企业研发经费支出与营业收入之比（%）	1.12	1.19
高新技术企业数（家）	92	118
国家高新区营业收入（亿元）	94.65	90.10

银川市（2）

指标名称	2018 年	2019 年
国家高新区营业收入与地区生产总值之比（%）	4.98	4.75
发明专利拥有量（件）	1790	2123
万人发明专利拥有量（件/万人）	7.95	9.26
技术输出合同成交额（亿元）	9.35	8.83
技术输出合同成交额与地区生产总值之比（%）	0.49	0.47
技术输入合同成交额（亿元）	57.40	37.37
技术输入合同成交额与地区生产总值之比（%）	3.02	1.97
科创板上市企业数（家）	0	0
国家级科技企业孵化器、大学科技园、双创示范基地数（个）	10	9
国家级科技企业孵化器、大学科技园新增在孵企业数（家）	16	26
科技型中小企业数（家）	156	184
规上工业企业新产品销售收入与营业收入之比（%）	13.32	11.56
高新技术企业营业收入与规上工业企业之比（%）	10.98	13.60
城乡居民人均可支配收入之比	2.51	2.50
单位地区生产总值能耗（吨标准煤/万元）	1.95	2.12
PM2.5 年平均浓度（微克/立方米）	38	31
实际使用外资额（万美元）	7220	20023
人均实际使用外资额（美元/人）	32.08	87.32
居民人均可支配收入（万元/人）	3.56	3.82

乌鲁木齐市（1）

指标名称	2018年	2019年
财政科技支出（亿元）	10.23	10.08
财政科技支出占公共财政支出比重（%）	1.55	1.63
常住人口（万人）	350.58	355.20
常住人口增长率（%）	0.05	1.32
普通高校在校学生数（万人）	21.33	21.22
万人普通高校在校学生数（人/万人）	608	597
专利申请量（件）	6943	6840
万人专利申请量（件/万人）	19.80	19.26
人均地区生产总值（万元/人）	8.84	9.61
全社会研发经费支出（亿元）	26.82	11.39
全社会研发经费支出与地区生产总值之比（%）	0.87	0.33
基础研究经费占研发经费比重（%）	21.80	49.65
万名就业人员中研发人员（人年/万人）	51.14	10.27
中央级普通高校数（个）	0	0
国家级科技成果奖数（项当量）	6.62	2.41
规上工业企业研发经费支出（亿元）	16.17	8.20
规上工业企业研发经费支出与营业收入之比（%）	0.67	0.30
高新技术企业数（家）	323	336
国家高新区营业收入（亿元）	3901.67	4217.89

乌鲁木齐市（2）

指标名称	2018 年	2019 年
国家高新区营业收入与地区生产总值之比（%）	125.87	123.57
发明专利拥有量（件）	2761	3017
万人发明专利拥有量（件/万人）	7.88	8.49
技术输出合同成交额（亿元）	2.18	3.03
技术输出合同成交额与地区生产总值之比（%）	0.07	0.09
技术输入合同成交额（亿元）	77.04	59.37
技术输入合同成交额与地区生产总值之比（%）	2.49	1.74
科创板上市企业数（家）	0	0
国家级科技企业孵化器、大学科技园、双创示范基地数（个）	23	24
国家级科技企业孵化器、大学科技园新增在孵企业数（家）	196	193
科技型中小企业数（家）	213	171
规上工业企业新产品销售收入与营业收入之比（%）	11.49	13.24
高新技术企业营业收入与规上工业企业之比（%）	32.43	35.28
城乡居民人均可支配收入之比	2.04	1.99
单位地区生产总值能耗（吨标准煤/万元）	0.65	0.60
PM2.5 年平均浓度（微克/立方米）	54	50
实际使用外资额（万美元）	135	665
人均实际使用外资额（美元/人）	0.39	1.87
居民人均可支配收入（万元/人）	4.01	4.27

4区2县（市）部分数据

创新型城市（区）定量指标数据（2019 年）

指标	海淀区	杨浦区	滨海新区	沙坪坝区	昌吉市	石河子市
常住人口（万人）	323.7	130.5	299.9	116.5	39.4	71.7
一般公共预算收入（亿元）	446.5	127.1	502.7	57.9	39.2	33.5
固定资产投资增速（%）	2.1	4.2	12.6	8.3	-26.3	30.7
地区生产总值（亿元）	7926.0	2083.2	5849.0	976.4	402.0	537.9
人均地区生产总值（万元/人）	24.5	16.0	19.5	8.4	7.6	7.8
专利申请量（件）	86000	10852	25416	7271	—	1220
规上工业企业工业总产值（亿元）	2577.0	1244.0	—	2165.0	245.2	581.0

创新型城市（区）定量指标数据（2018 年）

指标	海淀区	杨浦区	滨海新区	沙坪坝区	昌吉市	石河子市
常住人口（万人）	335.8	131.3	298.3	115.2	38.8	66.1
一般公共预算收入（亿元）	446.0	126.7	463.7	55.2	41.9	44.9
固定资产投资增速（%）	-5.9	1.2	-5.3	-8.5	-41.4	-39.9
地区生产总值（亿元）	6479.5	1847.8	7204.0	936.4	382.8	537.8
人均地区生产总值（万元/人）	18.95	14.1	24.1	8.1	9.9	8.1
专利申请量（件）	81873	11135	25718	6594	778	1019
规上工业企业工业总产值（亿元）	2246.0	1189.2	9051.7	2019.9	377.0	614.5

五、指标解释和数据来源说明

◎**财政科技支出**

财政科技支出是指用于科学技术方面的公共财政支出，包括科学技术管理事务、基础研究、应用研究、技术研究与开发、科技条件与服务、社会科学、科学技术普及、科技交流与合作等。数据来源：财政部。

◎**财政科技支出占公共财政支出比重**

财政科技支出占公共财政支出比重是指地方财政科技支出与公共财政支出之比。公共财政支出是指地方财政将筹集起来的资金进行分配使用，以满足经济建设和各项事业的需要。计算公式：财政科技支出/公共财政支出×100%。数据来源：财政部。

◎**常住人口**

常住人口包括居住在本乡镇街道且户口在本乡镇街道或户口待定的人，居住在本乡镇街道且离开户口登记地所在的乡镇街道半年以上的人，户口在本乡镇街道且外出不满半年或在境外工作学习的人。数据来源：国家统计局。

◎**常住人口增长率**

常住人口增长率是指统计年度常住人口数减去对比年份的常住人口数，再用得到的差额去除以对比年份的常住人口数。计算公式：（本年度常住人口数－上一年度常住人口数）/上一年度常住人口数×100%。数据来源：国家统计局。

◎**普通高校在校学生数**

普通高校是指通过国家普通高等教育招生考试，招收高中毕业生为主要培养对象，实施高等学历教育的全日制大学、独立设置的学院、独立学院和高等专科学校、高等职业学校及其他普通高教机构。数据来源：国家统计局。

◎**万人普通高校在校学生数**

万人普通高校在校学生数是指普通高校在校学生数与常住人口数之比。计算公式：普通高校在校学生数/常住人口数×10000。数据来源：国家统计局。

◎专利申请量

专利申请量是指专利机构受理技术发明申请专利的数量，包括发明、实用新型和外观设计。数据来源：国家统计局。

◎万人专利申请量

万人专利申请量是指专利申请量与常住人口数之比。计算公式：专利申请量/常住人口数×10000。数据来源：国家统计局。

◎人均地区生产总值

地区生产总值是指一个地区所有常住单位在一定时期内生产活动的最终成果。计算公式：地区生产总值/常住人口数。数据来源：国家统计局。

◎全社会研发经费支出

全社会研发经费支出是指调查单位在报告年度内用于内部开展研发活动的实际支出，包括用于研发项目（课题）活动的直接支出，以及间接用于研发活动的管理费、服务费、与研发有关的基本建设支出及外协加工费等。数据来源：国家统计局。

◎全社会研发经费支出与地区生产总值之比

计算公式：全社会研发经费支出/地区生产总值×100%。数据来源：国家统计局。

◎基础研究经费占研发经费比重

基础研究经费是指用于基础研究的实际支出。基础研究是指为了获得关于现象和可观察事实的基本原理的新知识（揭示客观事物的本质、运动规律，获得新发展、新学说）而进行的实验性或理论性研究，它不以任何专门或特定的应用或使用为目的。计算公式：基础研究经费/全社会研发经费支出×100%。数据来源：国家统计局。

◎万名就业人员中研发人员

研发人员是指调查单位内部从事基础研究、应用研究和试验发展三类活动的全时人员加非全时人员按工作量折算为全时人员数的总和。就业人员是指在16周岁及以上，从事一定社会劳动并取得劳动报酬或经营收入的人员。计算公式：研发人员/就业人员数×10000。数据来源：国家统计局。

◎中央级普通高校数

中央级普通高校是指教育部、中国科学院、中国社会科学院和其他国家部委所属的普通高等学校。数据来源：国家统计局。

◎国家级科技成果奖数

国家级科技成果奖数是指国家自然科学奖、国家科学技术进步奖和国家技术发明奖按照奖项的等级（以各等级奖项所颁发的奖金金额确定等级权重）和参与单位的排序（排在前面的单位权重较高）的加权平均数。数据来源：科技部。

◎规上工业企业研发经费支出

规上工业企业研发经费支出是指年主营业务收入在2000万元以上的工业企业的研发经费支出，规上工业企业是规模以上工业企业的简称。数据来源：国家统计局。

◎规上工业企业研发经费支出与营业收入之比

营业收入是指企业确认的销售商品、提供劳务和让渡资产使用权等生产经营活动形成的经济利益流入。计算公式：规上工业企业研发经费支出/规上工业企业营业收入×100%。数据来源：国家统计局。

◎高新技术企业数

高新技术企业数是指按照《高新技术企业认定管理办法》获得认定的，在《国家重点支持的高新技术领域》内，持续进行研究开发与技术成果转化，形成企业核心自主知识产权，并以此为基础开展经营活动，在中国境内（不包括港、澳、台地区）注册的居民企业数量。数据来源：科技部。

◎国家高新区营业收入

国家高新区营业收入是指国家高新技术产业开发区内企业营业收入之和。国家高新技术产业开发区是指国务院批准成立的国家级科技工业园区。数据来源：科技部。

◎**国家高新区营业收入与地区生产总值之比**

计算公式：国家高新区营业收入/地区生产总值×100%。数据来源：科技部。

◎**发明专利拥有量**

发明专利拥有量是指调查单位作为专利权人在报告年度拥有的、经国内外知识产权行政部门授权且在有效期内的发明专利件数。数据来源：国家统计局。

◎**万人发明专利拥有量**

万人发明专利拥有量是指发明专利拥有量与常住人口数之比。计算公式：发明专利拥有量/常住人口数×10000。数据来源：国家统计局。

◎**技术输出合同成交额**

技术输出合同成交额是指技术市场管理办公室认定登记的、技术转让方为当地企业或机构的技术合同的合同标的金额的总和。数据来源：科技部。

◎**技术输出合同成交额与地区生产总值之比**

计算公式：技术输出合同成交额/地区生产总值×100%。数据来源：科技部。

◎**技术输入合同成交额**

技术输入合同成交额是指技术市场管理办公室认定登记的、技术受让方为当地企业或机构的技术合同的合同标的金额的总和。数据来源：科技部。

◎**技术输入合同成交额与地区生产总值之比**

计算公式：技术输入合同成交额/地区生产总值×100%。数据来源：科技部。

◎**科创板上市企业数**

科创板上市企业数是指在上海证券交易所科创板上市的企业数量。数据来源：上海证券交易所。

◎**国家级科技企业孵化器、大学科技园、双创示范基地数**

国家级科技企业孵化器是指依据《科技企业孵化器管理办法》认定的，以服务大众创新创业，促进科技成果转化，优化创新创业生态环境，培育企业家精神为宗旨，面向科技型创业企业和创业团队，提供物理空间、共享设施和专业化服务的科技创业服务载体（含众创空间）。国家大学科技园是指依据《国家大学科技园认定和管理办法》认定的，以具有较强科研实力的大学为依托，将大学的综合智力资源优势与其他社会优势资源相结合，为推动高等学校产学研结合、技术转移和科技成果转化、高新技术企业孵化、战略性新兴产业培育、创新创业人才培养、服务区域经济提供支撑的平台和服务的机构。双创示范基地是指根据《国务院办公厅关于建设大众创业万众创新示范基地的实施意见》确定的，集聚资本、人才、技术、政策等优势资源，探索形成区域性的创业创新扶持制度体系和经验的示范基地。数据来源：科技部、国家发展改革委。

◎国家级科技企业孵化器、大学科技园新增在孵企业数

国家级科技企业孵化器、大学科技园新增在孵企业数是指当年入驻国家级科技企业孵化器、大学科技园且尚未毕业的企业数量。数据来源：科技部。

◎科技型中小企业数

科技型中小企业是指依据《科技型中小企业评价办法》认定的，依托一定数量的科技人员从事科学技术研究开发活动，取得自主知识产权并将其转化为高新技术产品或服务，从而实现可持续发展的中小企业。数据来源：科技部。

◎规上工业企业新产品销售收入与营业收入之比

新产品是指采用新技术原理、新设计构思研制与生产的全新产品，或在结构、材质、工艺等某一方面比原有产品有明显改进，从而显著提高了产品性能或扩大了使用功能的产品。计算公式：规上工业企业新产品销售收入/规上工业企业营业收入×100%。数据来源：国家统计局。

◎高新技术企业营业收入与规上工业企业之比

高新技术企业营业收入是指高新技术企业经营主要业务和其他业务所确认的收入总额。计算公式：高新技术企业营业收入/规上工业企业营业收入×100%。数据来源：科技部。

◎城乡居民人均可支配收入之比

居民可支配收入是指居民可用于最终消费支出和储蓄的总和，即居民可用于自由支配的收入。计算公式：城镇居民可支配收入/农村居民可支配收入。数据来源：国家统计局。

◎ **单位地区生产总值能耗**

能源消费总量是指一定地域内，国民经济各行业和居民家庭在一定时间消费的各种能源总和。计算公式：能源消费总量/地区生产总值。数据来源：国家统计局。

◎ **PM2.5 年平均浓度**

PM2.5 年平均浓度是指一个城市在一个完整的自然年内每日 PM2.5 浓度的算术平均值。数据来源：生态环境部。

◎ **实际使用外资额**

实际使用外资额是指批准的合同外资的实际执行数，外国投资者根据批准外商投资企业的合同（章程）规定实际缴付的出资额和企业投资总额内外国投资者以自己的境外自有资金实际直接向企业提供的贷款。数据来源：国家统计局。

◎ **人均实际使用外资额**

人均实际使用外资额是指实际使用外资额与常住人口数之比。计算公式：实际使用外资额/常住人口数。数据来源：国家统计局。

◎ **居民人均可支配收入**

居民人均可支配收入是指居民可用于最终消费支出和储蓄的总和，即居民可用于自由支配的收入，本报告中的居民仅指城镇居民。计算公式：被调查居民可支配收入总额/被调查居民数。数据来源：国家统计局。

六、国家创新型城市名单

国家创新型城市名单

序号	地区	城市（区）
1	北京	海淀区
2	天津	滨海新区
3	河北	石家庄市、唐山市、秦皇岛市
4	山西	太原市
5	内蒙古	呼和浩特市、包头市
6	辽宁	沈阳市、大连市
7	吉林	长春市、吉林市
8	黑龙江	哈尔滨市
9	上海	杨浦区
10	江苏	南京市、无锡市、徐州市、常州市、苏州市、南通市、连云港市、盐城市、扬州市、镇江市、泰州市
11	浙江	杭州市、宁波市、嘉兴市、湖州市、绍兴市、金华市
12	安徽	合肥市、芜湖市、马鞍山市
13	福建	福州市、厦门市、泉州市、龙岩市
14	江西	南昌市、景德镇市、萍乡市
15	山东	济南市、青岛市、东营市、烟台市、潍坊市、济宁市
16	河南	郑州市、洛阳市、南阳市
17	湖北	武汉市、襄阳市、宜昌市
18	湖南	长沙市、株洲市、衡阳市

续表

序号	地区	城市（区）
19	广东	广州市、深圳市、佛山市、东莞市
20	广西	南宁市
21	海南	海口市
22	重庆	沙坪坝区
23	四川	成都市
24	贵州	贵阳市、遵义市
25	云南	昆明市、玉溪市
26	西藏	拉萨市
27	陕西	西安市、宝鸡市、汉中市
28	甘肃	兰州市
29	宁夏	银川市
30	青海	西宁市
31	新疆	乌鲁木齐市、昌吉市、石河子市